今、本当に行くべき学校と受験の新常識がわかる！

旧名門校 vs. 新名門校

矢野耕平

SB新書
456

序章　いま、中学受験が熱い

首都圏の私立中学受験市場が再び活況を呈している。

私立中学受験過熱の前回のピークは今から一〇年前の二〇〇八年度入試であった。しかし、同年秋に勃発した国際的な金融危機、リーマンショックに端を発した景気低迷の影響などで、その後の私立中学受験市場は急速に冷え込んでいった。

そして、底を打ったのは三年前の二〇一五年度入試である。その後、今春二〇一八年度入試に至る三年間、私立中学受験を志す子どもたちは増加の一途を辿る。このままのペースでいけば、数年後はピークの二〇〇八年度入試を凌駕する大激戦が中学受験で繰り広げられるかもしれない。

なぜ、ここにきて私立中学受験が隆盛を誇るようになったのだろうか。

以下にその要因をいくつか挙げたい。

入試状況はどう変化したか
2018年首都圏私立中学受験状況

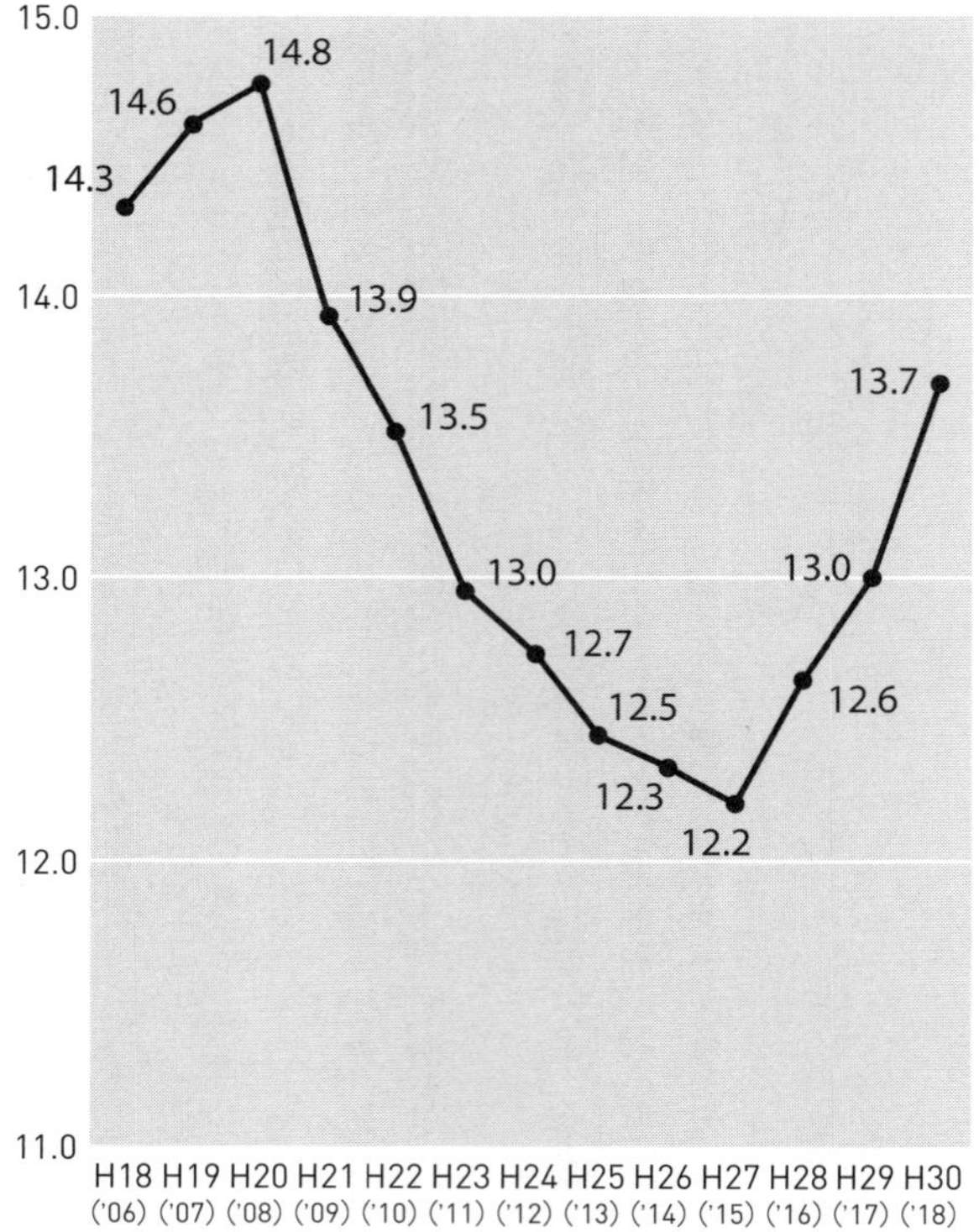

※数値は中学受験比率＝２月１日受験者数÷１都３県公立小学卒生×100で算出
出典：森上教育研究所

大学入試改革への不安

政府の教育再生実行会議、文部科学省の中央教育審議会などが議論を積み重ねてきた大学入試改革が二〇二〇年度から始まる。従来の大学入試センター試験が廃止され、「大学入学共通テスト」が新たに実施され、従来の「知識偏重型」から受験生の「思考力・判断力・表現力」を見る内容へと変わっていくらしい。民間の英語検定試験を活用したり、科目によっては記述式問題の占める比重が一気に高くなったりする。そして、高校生が新学習指導要領下で三年間を学び終える二〇二四年度より「大学入学共通テスト」の実施科目、内容もさらに変化するらしい。

「らしい」と記載したところがポイントである。大学入試改革を二年後に控えた現時点であっても、その改革がすべて実行されるかどうかは不透明である。たとえば、東京大学の入試では当初活用する予定だった民間の英語検定試験の導入を急遽見送った。

このような状況に困惑するのはほかでもない、これから大学入試を迎える子どもたちである。そして、大学入試に対して茫漠とした不安を抱えるのはその保護者たちである。

難化する私立大学

さらに、その不安を煽ることになったのは二〇一六年度の大学入試より実行された文部科学省による**「大学合格者数抑制策（定員の厳格化）」**である。これは、私立大学において入学定員の超過による「私立大学等経常費補助金」の不交付の基準を厳しくしたもの。簡単に言うと、**大学入試で合格者を「出し過ぎてはいけない」という指示である。**これにより、早慶をはじめとした多くの私立大学が合格者数を激減させた。友人の予備校講師は**「従来なら早慶にギリギリ合格していた層が、今はＭＡＲＣＨ（明治大学、青山学院大学、立教大学、中央大学、法政大学）レベルの入試で苦しんでいる」**と言う。実際、二〇一七年度より予備校の「高卒クラス」に在籍する生徒が激増したというし、大多数の高校では前年比で大学合格実績がガクンと落ちている。

そして、これに追い打ちをかけると予想されるのは、二〇一八年五月に参議院本会議で可決された「地域大学振興法」である。都心への学生集中を避けるために、東京二三区にある私立大学の定員増を原則一〇年間禁ずるというショッキングな内容が盛り込まれている。

混沌としていて、なおかつ確実に難化している大学入試。この状況こそ、私立中高一貫校が脚光を浴びる一因となった。

とりわけ、**昨今人気を博しているのは「大学付属校」である。**エスカレーター式に大学までの道を提供してくれるという安心感があるのだろう。

また、大学の付属ではない私立中高一貫校であっても、民間運営の私学ゆえ、変わりゆく大学入試に柔軟に対応できるという期待を持たれ、受験者を増やしているところが多いのだ。

都心の子どもたちはまだまだ増える

大学入試の情勢変化が私立中高一貫校の人気に直結するということは理解できただろう。しかしながら、「日本は少子化が進行していて、今後受験生数自体が減っていくのでは」と考える人もいるかもしれない。

たしかに全国的な視野で見れば子どもたちの数は減少を続けている。しかし、都心に目を向けるとその事情はいささか異なってくる。

ひと言で表すと、人口の都心部への一極集中が進んでいるのだ。たとえば、東京都が二〇一八年三月に公表した「東京都男女年齢別人口の予測」によると、東京都二三区部の〇歳～一四歳の人口は、二〇一五年度の一〇〇万三九一九人に対し、一〇年後の二〇二五年には一〇七万六四二八人と約七％増加する見込みになっている。さらに、港区・千代田区・中央区といった中学受験熱が高い都心部に至っては、この一〇年でその人口が増加するという予測が立っている。

つまり、首都圏の中学受験のマーケットは少子化の影響を受けづらいといえる。

いまの保護者は「中学受験過熱世代」

以前は、「中学受験」というと一部のごく限られた子どもたちが挑む世界であった。しかし、いまの小学生の親世代は中学受験に対する心理的抵抗が小さいのではないかと私は睨んでいる。

なぜか。

冒頭に「中学受験過熱の前回のピーク」を二〇〇八年度入試としたが、さらにその前のピークはいつだったのか。それは、一九九〇年度前後である。この時期は、小学校・中学校の学習指導要領が改訂され、そこに盛り込まれた新学力観への賛否が渦巻いたり、大学入試センター試験が導入されたり、公立中学校でいわゆる「偏差値追放」（偏差値による進路指導や業者テストの禁止など）が起こったりした。

揺れ動く公教育に対して不信感を抱いた結果、主として首都圏において私立中学入試に挑む子どもたちの数が激増した。

当時、中学受験を経験した世代は、現時点で四〇歳前後である。つまり、いまの小学生の親世代なのだ。自分が中学受験を選択したのであれば、わが子も同じルートで……と考える親が多いのは必然だろう。

昨今の中学受験の活況は、このような事情も絡んでいるのだ。

祖父母も孫の中学受験に理解を示す

もちろん、当時小学生だった親世代に対して中学受験を勧めたのはいまの子どもたちの祖父母たちである。

二〇一三年度の税制改正において創設された贈与税の「直系尊属から教育資金の一括贈与を受けた場合の非課税」の制度の影響もあり、昨今は子どもたちの学費、塾費用を祖父母が負担するケースが目立っている。先述したように、わが子に中学受験の道を用意した世代なのだから、孫の中学受験にも協力的であることが多い。

孫の中学受験に対して惜しみない援助を行う祖父母にとって、孫が「どの学校に進学するのか」は他人事ではない。だからこそ、孫の進路面に口を挟んで親子を混乱させてしまうことがある。

「そんな学校、聞いたこともないから受験するのをやめなさい」

「あの学校は不良少年のたまり場になっているんだから、進学するなんて許せない」

しかしながら、**そんな悪口を叩かれる学校が、いまは一流の進学校として名を轟かせているなんてことも珍しくはない。**

「旧名門校」と「新名門校」

先ほど紹介した大学入試改革をはじめ、子どもたちを取り巻く現下の教育環境は激変している。

さらに、学校の現場に目を向けると、教育手法のイノベーションが急速に導入されている。たとえば、正解のない問いに対して子どもたちに試行錯誤させつつ学びを深化させる双方型形式の「アクティブラーニング」。タブレット端末や電子黒板を駆使した「ＩＣＴ授業」。「読む」「書く」に加え、「聞く」「話す」に重点を置き始めた英語教育など……。

私立中高一貫校、とりわけ**「新名門校」**の中にはこの「新たな教育手法」を大胆に取り入れて、その人気を高めたところが数多く存在している。

一方、創立以来受け継がれている「教育理念」という軸を堅持しつつ、「普遍性を持った教育」を希求しつづけている**「旧名門校」**も多くある。

ただでさえ、私立の中高一貫校は公立とは異なり、それぞれのクセ、独自性を有している。それが近年はより多様化しているとみて間違いはないだろう。

わが子がどの学校を選択すべきか見当がつかない。

そんな悩みを抱えている親が増えているのではないか。

そこで、本書では**「旧名門校」「新名門校」の二軸に基づいて、いまの主に私立中高一貫校と国公立中高一貫校をその特色別に分類するとともに、学校関係者や在校生、卒業生の「生の声」をふんだんに盛り込み、各校のリアルな姿を伝えていきたい。**

また、この本を手に取られた方の中には、「本当に、わが家は中学受験をするべきなのか？」と考えている方もいると思う。

本書では、そういった中学受験を迷っている方のためにも、私立の名門校だけではなく、昔から名門として人気の国立大付属校や、最近、注目を集めている公立中高一貫校も取り上げる。

わが子が本当に行くべき学校はどこか？

本書がそれを見出すきっかけになれば幸甚の至りである。

目次

序章 いま、中学受験が熱い

1章 男女御三家vs.超進学校

男女御三家◀

超進学校◀

2章 旧・一流進学校 VS. 新・一流進学校

旧・一流進学校◀

3章 旧・大学付属校 VS. 新・大学付属校

4章 ブランド校vs.ニューウェーブ校

ブランド校◀

ニューウェーブ校◀

5章 国立大付属校 vs. 都立中高一貫校

6章 地方の旧名門校と新名門校の真実

1章

男女御三家
VS.
超進学校

首都圏の中学受験生の憧れの的「男女御三家」

本書では**「旧名門校」をいわゆる「伝統校」、今も昔も変わらぬ人気を博す学校と定義している。**

その「旧名門校」を語る上で欠かせないのは何といっても**「男女御三家」**と呼ばれる六校である。

「男子御三家」とは、**麻布、開成、武蔵**の男子進学校を指し示す。

「女子御三家」とは、**桜蔭、女子学院、雙葉**の女子進学校のことだ。

この六校は首都圏の中学受験生憧れの的であり、私立中学受験大手進学塾もこの六校に合格者を輩出して自塾の宣伝につなげようとしのぎを削っている。

もちろん、各校の大学合格実績の凄まじさも特筆すべきものがある。

いまも昔も不動の人気を誇る

たとえば、**開成**は一九八二年度大学入試より実に三七年間東京大学合格者数ナンバーワンの座に輝いている。そして、**麻布**は一九五三年度より六五年以上に渡り東京大学合格者数ランキングの全国トップ一〇に入り続けている。女子校の**桜蔭**にいたっては二五年間、東京大学合格者数全国トップ一〇入りを成し遂げている。**武蔵、女子学院、雙葉**についても、東京大学をはじめとした国公立大学や早慶上智などの難関私大に数多くの合格者を毎年輩出し続けている。

これらの六校が「旧名門校」の代表的存在としてふさわしいのは、いまも昔もその人気ぶりが不変であるからだ。この「御三家」という呼称が一九六〇年代～七〇年代には既に広く浸透していたことからもそのことがわかる。

次ページの別表を見てほしい。

今から三〇年以上前、一九八五年度と今春二〇一八年度それぞれの「二月一日入試・偏差値一覧」に目を向けると、多少の変動は見られつつも、男女御三家六校が依然トップ校として君臨していることが理解できる。

首都圏中学入試（男子）偏差値上位校

偏差値	1985年	2018年
73	開成　筑波大駒場	
72	武蔵　栄光学園　慶應普通部	筑波大附駒場
71	慶應中等部	開成
70	麻布	
69	駒場東邦　学大世田谷　筑波大附	聖光学院　渋谷教育幕張
68	聖光学院　巣鴨　学大竹早	
67		麻布
66	早稲田　桐朋　暁星	筑波大附
65	学大大泉	栄光学園　渋谷教育渋谷
64	学大小金井	駒場東邦　武蔵　浅野　慶應湘南藤沢　慶應中等部　早稲田　慶應普通部　早稲田実業
63	海城	海城　市川
62	早稲田実業　立教	早大学院　栄東（東大）
61		サレジオ学院　明大明治
60		芝　立教新座　東邦大東邦

首都圏中学入試（女子）偏差値上位校

偏差値	1985年	2018年
73	慶應中等部	
72	学大世田谷　筑波大附	渋谷教育幕張
71		桜蔭
70	桜蔭　女子学院　お茶の水女子大附	豊島岡女子　慶應中等部
69	フェリス女学院　雙葉	早稲田実業
68	白百合学園　青山学院　学大竹早	女子学院　渋谷教育渋谷　筑波大附
67		雙葉
66	東邦大東邦　東洋英和女学院	慶應湘南藤沢
65	学習院女子　立教女学院　晃華学園　学大大泉	フェリス女学院　浦和明の星女子　お茶の水女子大附　市川
64	日本女子大附　成蹊	青山学院　明大明治　栄東（東大）
63	学大小金井	東邦大東邦　白百合学園
62	聖心女子学院	洗足学園
61	共立女子	吉祥女子　立教女学院　広尾学園
60	横浜雙葉	

※この一覧表は、1984年の四谷大塚在籍生の成績データと1985年入試における合否結果を四谷大塚の現在のシステムで再集計し、その結果より算出した合格可能性80%ラインを表したものです。
出典：四谷大塚

大学受験に特化しない教育

先述したが、男女御三家各校の難関大学への合格者数は目を見張るものがある。

しかしながら、男女御三家の在校生や卒業生に話を聞くと、どの学校も大学入試対策に特化した指導はほとんど行っていないと異口同音に言う。

東京大学合格者数ナンバーワンを誇る開成であってもそれは同様である。

ある卒業生は言う。

「東京大学に進学するのは当たり前という空気が学内にありますね。だから、勉強なんか『やって当然』だし、勉強の出来不出来が学内の対人関係に影響を及ぼすことなんてありえませんよ」

女子校トップの桜蔭卒業生も同じようなことを口にする。

「友人同士で成績の話なんてしません。いま思えば、普段から真面目に勉強している子ばかりですから、わざわざ勉強の話など持ち出す必要はないんですよね」

そう、開成と桜蔭に一脈通じているのは、「勉強する」のは「息を吸う」のと同義であるように考える生徒たちであふれているという点だ。

ただし、両校とも授業内容はハイレベルなものが多いという。

「『へえ』と感心させられるような授業がたくさん受けられました。先生たちの博学さに圧倒されることも多かったですよ」

開成の卒業生はこのように振り返る。

桜蔭の授業で有名なのは、教室の前方のみならず、横のスペースにも黒板が設置してあり、それをフル活用した授業が行われているということ。

トップレベルの生徒たちが集う空間では、知らず知らずのうちに高品質でハイレベルな授業が行われているのであろう。

とはいえ、**「東京大学に行きなさい」と指示するような教員は開成、桜蔭ともに皆無らしい。**

「『行きたいところに行けばよい』といった感じで、進路相談すら適当な感じでしたね」

そう苦笑するのは開成の卒業生。

「先生方はむしろ東大一辺倒の雰囲気に異を唱えるようなところがありました」

桜蔭卒業生はそう振り返る。

そして、麻布、武蔵、女子学院、雙葉でも大学受験対策には特化していないし、教員側が自校の難関大学合格実績を高めるための指導や誘導などは一切行っていないという。

そう、**男女御三家各校は大学受験に重きを置いた指導は行わないのだ。**

「御三家」というブランドの下、盤石の地位を築いている、換言すれば、優秀な子どもたちがコンスタントに入学してくる環境があるからこそ、このような姿勢を貫けるのではないかと私は考えている。

シニカルな態度を示す人は、「御三家各校は生徒の質に依存している」なんて考えるかもしれない。あるいは、その見方も一面をうがっているのだろう。

しかし、それぞれの学校独自の魅力がなければ、これだけ長期にわたってそのブランド力を維持することは難しいだろう。

では、その魅力とは何だろうか。

ひたすら「考える」六年間——「麻布」

麻布は東京都港区元麻布という都内屈指の高級住宅街のど真ん中にある。周囲は多くの寺院に囲まれていて、また、すぐ近所には広大な有栖川宮記念公園があり、開放的な雰囲気の街並みである。

麻布というと先述したように六五年以上にわたり東京大学合格者数ランキングの全国トップ一〇に入り続けている超名門の男子進学校である。しかしながら、学校の行き帰りに参考書を携えているような生徒はほとんど見かけない。私服ということもあり、垢抜けた感じの中高生揃いだ。登下校の様子を観察しているとバカ話に大声で笑い合う同級生たちの姿が目立つ。

これは外向けに限定した姿ではない。

ある卒業生はこう述懐する。

「麻布に入って驚いたのは先生たちとの距離の近さですね。『先生』なんて言いましたけれど、どの先生たちも学内では呼び捨てかあだ名。タメ口で話すんですよ」

高校二年生の在校生は同じようなことを口にする。

「教員と生徒の間の垣根はほとんどないですよ。教員側も生徒との距離感をあえてなくしているような気がします。授業もそう。『オラ、お前ら、この点について何か言えよ！』なんて挑発してきます（笑）。」

麻布の在校生、卒業生の言葉を総合すると、**麻布は教員側が生徒たちに「大人」に**

なることを求める傾向にあることがわかる。「自立を促す」と言い換えてもよいのかもしれない。実際、麻布には校則などないに等しい。学校側は生徒たちに「自由」を突き付けることで、自ら考える力を醸成しようとしているのだろう。

麻布といえば三万人近くを動員する文化祭が有名だ。この文化祭をはじめ、運動会、部活動など学校行事や学内の組織については生徒主導で行われる。もちろん、教員側がアドバイスすることはあるが、そこで教員側も生徒側も互いに遠慮なくぶつかり合う、議論を戦わせることが多いという。

そして、**麻布といえば事あるごとに「書かせる」学校であることが知られている。**中一では創立者・江原素六の一生が描かれている新書を読み、感想文を書くことが必須になっている。また、高一では「社会科基礎課程修了論文」が課されている。一年に一冊これらの中から秀逸な作品を集めた『論集』が刊行されているが、それを読むと大学院の修士論文レベルのものが多く驚かされる。さらに、学校側から課されたものではなく、生徒たちの「主張」や「研究内容」を自主的に投稿した作品も数多く含まれている。

卒業生の一人はこう振り返る。

「先生たちが僕たちに授業で求めるのはただ一つ、**『自ら表現できる力を備えよ』**という点です」

そういえば、二〇二〇年度からの大学入試改革では「思考力・判断力・表現力」に重きを置く問題が増えるとあるが、麻布の生徒たちこそその強みを発揮するのかもしれない。

高一の在校生は微笑む。

「表現することにおいては他校に比べれば相当鍛えられていると思いますから、そりゃ強いと思いますよ。とはいえ、先生たちは大学入試のことを考えて『表現力』を求めているわけでは決してないですけどね」

運動会で社会性を育む――「開成」

山の手の高級住宅街に位置する麻布とは対照的に、開成は東京都荒川区西日暮里という下町に存在する。周囲には老舗の商店などが点在している。

開成といえば何といっても「東京大学合格者数ナンバーワン」を誇る男子校として全国的にその名を轟かせている。開成を志望する理由としてはやはり「東京大学」への道を考えてのことなのだろうか。

教育関係の業種に就いている卒業生は振り返る。

「うーん、何が何でも東大に！という雰囲気を出しているような同級生はあまりいなかったですよ。別に東京大学に進学するのは開成の生徒にとっては当たり前ですしね。大学入試云々ではなく、単に『勉強が楽しくて仕方がない』ってヤツが多かったですよ」

彼は中学受験の時分に算数の面白さにはまったという。

「算数ってゲームですよ。そのゲームに取り憑かれてしまった結果、その延長線上に開成があったということです。ここなら、もっと奥深い勉強ができるのではないかと思ったんですよね」

卒業生の一人はこんなことを呟く。

「開成のクイズ研究部は過去に『全国高等学校クイズ選手権』で三連覇しているんですよね。あれが開成生の気質を象徴していますよ。学ぶことを楽しんでいる人ばかり」

開成といえば「運動会」が有名である。

四〇代の卒業生はこう語る。

「開成生は五月の運動会のことばかり考えているんじゃないですか（笑）。運動会は『運動会準備委員会』と『応援団』の二本立てで綿密な準備をします。運動会は中一から高三まで六学年縦割りで組編成されます。たとえば、『緑組』とか……。だから、運動会で成果を出すために上級生たちは下級生を遠慮なくしごきますし、親身になって指導します。逆に下級生にとって上級生は尊敬すべき『絶対的な存在』となります。社会を疑似体験するようなものです。だからかな、開成の出身者は礼儀正しいヤツが多いですよ」

開成の卒業生に話を聞いていくと、「運動会」の思い出話が必ず登場する。

そして、学年は異なっても卒業生同士がひょんなことから出会うと、これまた運動会の話になる。

「互いに開成だとわかったら、『何組』だったと運動会の色を必ず聞きますよ（笑）。そして、（応援）団長を務めていたなんて聞くと、年下だとしても一目置きますね」

このような縦のつながりが学内で構築されるからだろうか。開成のＯＢたちの結束は強い。地域別・職域別に組織された「開成会」の存在はよく知られている。これは、開成卒業生を「正会員」、開成の教職員を「特別会員」とした同窓会組織である。たとえば、地域別では「市川開成会」「関西開成会」「ロンドン開成会」、職域別では「金融開成会」「経産省開成会」「外科学会開成会」など……。組織された会の総数は数百にのぼり、約二万人の卒業生が何らかの会に属しているという。これらの開成会を束ねる事務局の「会則」第三条によると、「本会は会員相互の親睦を図ると共に、母校の発展に協力することを目的とする」とある。

社会に出たのちも、母校の強固なネットワークを存分に活用できる環境が開成卒業生には与えられるのだ。

さて、**開成といえば「東京大学」というイメージを抱いてしまうが、近年は進学先にある「異変」が起きているようだ。**今春二〇一八年度の大学進学先を見ると、海外の大学へ進学する生徒が一〇名近くいるのだ。前年度はハーバード大学、イエール大学をはじめとした海外の名門大学に約二〇名の合格者を輩出した。

卒業生の一人はこともなげに言う。

「開成の生徒にとってもはや東大は『一つの選択肢』に過ぎないのではないでしょうか。自分がもっと楽しんで勉強できる環境が海外にあると思うのなら、ためらわずにそこへ突き進もうとする人ばかりですから」

男女御三家は教員のレベルも高い。大学教授顔負けの授業を展開するところも

男女御三家の入試問題は難問揃いであり、それをクリアして入学してくる生徒たちの学力面は著しく高いことは言うまでもない。

卒業生に中高の授業の感想を聞くと、「知的好奇心がくすぐられた」「自分の教養のなさを痛感された」という声がよく聞かれる。

男女御三家の教員の質は、他校と比較するとやはり高いのだろうか。

某国立大学の教育学部に進学した開成の卒業生は、母校である開成で教育実習を行った。そのときにこんな話を聞いたという。

「開成の教員の採用は一風変わっていきます。なぜなら、『その科目のトップ』が陣頭指揮をとって採用試験を実施するのですから。たとえば、数学の教員は数学科のトップが、英語の教員は英語科のトップが……といった感じです。そして、その採用基準はかなり厳しいと聞きましたね」

その卒業生によると、開成の教員のうち四割～五割は開成の卒業生だという。東大や早慶出身が多く、院卒の占める割合も高いらしい。

トップクラスの生徒たちを指揮する教員にはそれに見合った資質が求められるのだろう。

一見オーソドックス、実は「ここまでやるか!?」超ハイレベルな「開成」の授業

二〇代後半の卒業生は開成の授業を振り返る。

「奇抜な授業はそんなになかったですね。いたってオーソドックスな指導だと在学中は思っていました。でも、浪人して外（予備校）に出てみると、『ああ、開成の授業ってとんでもなくレベルが高かったんだなあ』とそこで初めて気づかされたのです」

数多ある授業の中で、彼は漢文の授業を挙げて説明してくれた。

「開成の漢文授業はなんだか退屈で面白味がないなあ……なんて当時は思っていたのですが、とんでもない。予備校の授業のレベルが低くて愕然としました。開成の授業を普通に受けていれば、何の対策を講じなくてもセンター試験ならば漢文は満点間違いないのですから」

また、一学年約四〇〇名と大所帯の開成だが、生徒たち一人ひとりのニーズに応え

る教育体制を敷いているのだという。

ある卒業生は舌を巻く。

「開成は『ニッチ』な授業にも力を入れていてすごいのひと言です。たとえば、地学専門の理科教師を三人も揃えているんです。他校ではそもそも地学専門の教師がいないことも多いですからね。で、ぼくの代では地学の選択者はたったの二名しかいなかったのですが、この二名のためにこの地学専門教師を総動員して選択講座を行うんです」

入試問題も独特な「麻布」は授業も独特

それでは、麻布の入試問題はどうだろうか。

麻布といえば、中学入試問題で「独特」のハードルが設けられていることがよく知られている。たとえば、国語であれば総字数一万字を超える「長文」が出題され、また、受験生に求める記述字数もかなり多い。また、算数であれば単純に答えを算出すればよいわけではなく、その途中式も採点対象となる。つまり、解答が誤っていたとしても、その過程がしっかり書かれていれば、部分点をもらうことができる。そして、

全科目に共通しているのは、「大人顔負け」の思考回路を有しているかが試されている点だ。自分の考えたことを整理した上で表現する能力が必要となる。さらには、貪欲なまでの知的好奇心が必要となる難問が数多く出題されている。

麻布の卒業生はこともなげに言う。

「麻布生って一つの物事を考えたり、書いたりするのが好きなんですよ」

このようなレベルの生徒が揃う空間ゆえ、生徒側が教員たちに向ける目は厳しい。

又聞きの話ではあるが、ある新任教員が自己紹介をした折に、生徒たちから出身大学を尋ねられたので、「日大だよ」と返答したところ、一斉にそっぽを向かれたという。

しかしながら、彼は授業内容の深さで生徒たちの心を徐々につかんでいったそうだ。

一方、どんなに高学歴を誇る教員であっても、生徒たちにとって「くだらない授業だ」と感じさせてしまうと、露骨に背を向ける光景が見られるらしい。

卒業生は語る。

「麻布で人気のある先生は、生徒たちに対して『お前ら、もっと深く考えろよ』と挑発してくるタイプの人ですね」

「麻布らしい」と形容できる授業といえば、高校一年生と二年生を対象にした土曜日の特別選択講座の『教養総合』だろう。講座によって受講者数はさまざまではあるが、そのテーマの表層をなぞるだけではなく、討論形式や実践形式（フィールドワークなど）を取り入れて生徒たちの学びへの興味をさらに喚起しようという試みが行われている。

「二〇一八年度教養総合授業一覧」によると、全六三講座が用意されている。たとえば、人文系では「東京のエスニック空間と多文化共生」「夏目漱石の近代」「小倉百人一首の古注釈を読む」など、その他、語学・科学・芸術・スポーツと多岐にわたる分野の講座がある。

麻布には一〇〇名近い教員がいるが、麻布の卒業生はそのうち一〇名強とやや少ないように感じる。卒業生たちによると、新任の教員が中高六年間でその指導力が向上し、「麻布の色」に染まっていく様が見られるという。

では、その「麻布の色」とは何か。

一人の卒業生は言い切る。

「そりゃ、ぼくたちの知的好奇心を刺激してくれる授業に決まっているじゃないですか」

生徒の探究心を刺激する「武蔵」のアカデミックな授業

そして、**武蔵**。

大学入試対策の質問をしようとした生徒に「うちは受験勉強をするところではない、学問に打ち込むところだ」と一喝されたなどという話はよく知られている。

武蔵の授業はひと言でいえば「アカデミック」な内容のものが多く、生徒たちに人気があるのも生徒たちの探求心を刺激する授業である。

ある卒業生は笑いながら振り返る。

「武蔵の授業は変わっていますねえ。もう先生たちの専門分野、研究分野の延長線上で授業が行われます。世界史の授業はなぜか『アフリカ史』から始まったな。で、その年が終わるころになっても依然『アフリカ史』をやっている（笑）」

別の卒業生も同じようなことを口にする。

「中一ではなぜか『変体仮名』の勉強を延々とやりました（笑）。大学受験にはまったく役立ちませんが、とにかく興味深い話がたくさん聞けましたよ」

話を聞いていると、なんだか大学の講義のようである。実際、武蔵の構内には「掲示板」があり、たまに「休講」になる授業があるらしい。

ある卒業生によると、武蔵の教員には「研究日」が週一で与えられているらしく、大学教員のオファーが来ても「いまの環境のほうが研究に専念できる」という理由でそれを蹴る人もいるとか。

一方、卒業生たちの話を総合すると、理系の授業、英語の授業は難関大学受験に対応した内容、カリキュラムになっていることが特に近年は多いらしい。

理系偏重ではないのに理系進学率七〇％！異色の女子トップ校「桜蔭」の授業

続いて、桜蔭・女子学院・雙葉、いわゆる女子御三家の授業の様子はどうなのだろう。

まずは、**桜蔭**について。

私立女子校の卒業生たちの理系進学率を調べてみると、二〇％〜四〇％程度になることが多い。しかし、桜蔭はこの点においては例外的存在であり、複数の卒業生の証言をまとめると、理系進学率は約七〇％にのぼるという。そして、理系進学者のうちの半数程度は医学部に在籍している。

桜蔭は理系重視の教育を行っているのだろうか。

ある卒業生はそんなことはないと笑う。

「どの科目もさほど偏らずに勉強しますよ。でも、もともと医者志望の子たちがたくさんいるからか、中学生のときから専門塾に通う人はちらほらと見かけましたね」

その卒業生によると、桜蔭の教員は卒業生が占める割合が高かったという。なお、男性教員は数えるほどしかいないらしい。

理系偏重ではないといったが、それでも、高校生になるとグンと理系科目の授業レベルが上がり、ついていくのに四苦八苦する生徒が続出するらしい。しかも、東大や国立大医学部に進学した卒業生たちが「あれは難しかった」と苦笑しながら振り返るレベルである。

たとえば、数学の授業では、開始前に事前に指定された生徒が課題の解答とそのプロセスを黒板に書きつけておき、授業はいきなりその解説からスタートする。桜蔭は珍しいことに教室の二面に大きな黒板が設置されているが、それをフルに活用するのである。

大学入試に直結するハイレベルな授業がいい刺激！「女子学院」の授業

女子学院はどうだろう。

卒業生に聞くと、文系の授業は難関大学入試に直結する内容が多く、ハイレベルな内容に刺激を受ける生徒が多いとか。

「いやあ、英語や社会の授業は難解でしたねえ。その分、大学入試は楽でしたよ」

卒業生の一人はこう振り返る。

一方、理系は進度も比較的ゆったりであり、そこに不安を抱いた理系志望者は高校生になると予備校に通う人が一気に増えるという。

「自由」な校風で知られている女子学院。授業の特徴に一脈通じるものはあるのだろうか。

「授業全般にいえるのは、とにかく生徒たちに『考えさせよう』、『それぞれの価値観を培おう』という姿勢に貫かれているという点ですね」

自由な校風がゆえに、生徒個人に「責任」というものの重さを突き付け、それぞれの個性を引き出す教育を行っている女子学院。

聞けば、ことあるごとに討論する場や、表現する場を設けているそうだ。

なお、桜蔭同様、女子学院の教員のOG比率は高く、男性教員は少数らしい。

外国語教育に大きな強みあり！「雙葉」の授業

最後に雙葉。桜蔭・女子学院ほどではないものの、教員の男女比はだいたい三対七である。

雙葉が他の御三家各校と異なる点は、付属の幼稚園、小学校があることだ。中学入学時より、そこから持ち上がりで進級する生徒たちと中学受験組が席を並べることになる。互いのレベル差は生じないのだろうか。

「確かに内部（付属の小学校）から上がってきた子の中には勉強で苦労するタイプの人もいましたが、とび抜けて学力が高いタイプの人もこれまた内部からの人たちです」

一人の卒業生はこう証言する。

違う代の卒業生にもこの点について尋ねたところ、同じような回答が得られた。

「私のときは東大に十二名現役合格したのですが、そのうち八名は内部からの子でしたね」

さて、雙葉といえば語学教育に力を入れていることでよく知られている。その一例として挙げられるのは中学校三年生から第二外国語としてフランス語を習うことだ。

「雙葉はやはり外国語に力を入れています。英語の授業は『読む』『書く』だけではなく、『聞く』『話す』という点も重視していて、レベルはかなり高かったです。英語については大学受験予備校に通う必要は一切ないでしょう」

そう口にする卒業生によると、文系科目は総じて大学受験に十分対応できる授業であり、かなり踏み込んだ内容を扱うという。しかしながら、理系科目の授業は大学受験を考えるとやや物足りないという声が多かった。

このように、男女御三家の授業にはそれぞれの学校の特色が滲み出ているのだ。

各校の校風はかなり「クセ」がある

「旧名門校」の代表校としてまずは男女御三家各校を取り上げたが、それぞれ独自のカラー、それもかなり強烈な性格を有していることがおわかりいただけたのではないだろうか。

言い換えれば、各校のカラー、「クセ」をしっかりと把握した上で、学校選択を行うことが大切となる。

男女御三家各校の在校生たちの特徴をここでまとめてみよう。

「麻布」……校則がほとんどなく自由な学習環境が与えられる。自らの考えをしっかり表現できる個性にあふれた生徒たちが多い。

「開成」……勉強をゲーム感覚で楽しめる生徒たちが揃う。体育会気質で長幼の序を重んじて学校生活を送っている。

「武蔵」……アカデミックな授業で探究心を培い、「自ら調べ、自ら考える」学習姿勢を持った生徒たちが集っている。

「桜蔭」……息をするように勉学に励む生徒たちがほとんど。七割近くの生徒たちが理系分野に進んでいく。

「女子学院」……自由を謳歌し、自ら責任を持って行動する生活を送る。「人は人」で群れることをよしとしないサバサバとした人間関係が構築される。

「雙葉」……語学教育に力を入れているお嬢様学校。内部（付属小学校出身）と外部（中学校入学組）が混在し、複雑な人間模様が繰り広げられる。上下関係もかなり厳しい。


各校の特徴をざっくりと挙げてみたが、わが子にぴったりとくる学校はあるだろうか。もしも、わが子がそのカラーになじまないのであれば中高生活の中でドロップアウトしてしまう危険性すら孕んでいるということである。

学校選択を誤ると大変なことになる

たとえば、私は次のような子を知っている。

中学受験時の彼女の得意科目は「国語」。「算数」「理科」については相当苦手意識を持っていた。模擬試験を受けても、算国理社のトータルの偏差値は桜蔭の合格ラインには全く届かないという状況であった。

それでも彼女は他校受験へのシフトを勧める周囲の声をよそに、桜蔭を受験した。結果は合格。

その年の桜蔭の算数入試問題はあまりにも難解であり、受験生の中で差がほとんどつかないと分析されていた。一方、国語は適度に難しい問題であり、ここで彼女は他の受験生を一気に突き放す高得点を叩き出したのだろう。

意気揚々と憧れの桜蔭に通い始めた彼女。

しかし、周囲のレベルに圧倒され、劣等感を抱くまでそんなに時間はかからなかった。

とりわけ、数学や理科の授業は何を説明しているのかが皆目見当がつかない。にもかかわらず、周囲は積極的に挙手をして発言していく。その発言内容すら理解できない。そんな彼女に対して周囲は冷たい目を向けるなどということは一度もなかったが、「どうせ私はバカなんだ」と彼女はどんどん卑屈になっていった。

その後、通ったり通わなかったりを繰り返して、彼女は中学の半ばで自ら桜蔭を辞めることになったのだ。

「偏差値」よりもまず先に考えるべきこと

中学受験を志す子どもたちはまだ小学生である。自身を客観視できる年齢ではない。だからこそ、中学受験の学校選択の際には「偏差値」や「大学合格実績」といった数値的なものばかりではなく、**各校の校風、カラーがわが子にどんな中高生活をもたらすのかを親が熟考すべきである。**

先ほどは桜蔭のカラーに潰されてしまった子の実例を紹介したが、このようなことは男女御三家だけでなく、各校どこにでも転がっている事例である。

たとえば、何かと周囲の顔色をうかがう性格で、自己主張が苦手な子が麻布に進学したらどうなるだろうか？

人見知りの激しい子で、小学校ではいつも人間関係のトラブルに巻き込まれて大変な思いをしてきた子が雙葉に進学したらどうなるだろうか？

もちろん、わが子を観察していて「足りない部分」を補う目的で、子のカラーに一見合わない学校選択を行い、子の成長を促すことで結果としてうまくいったというケースもある。しかし、男女御三家各校においてはこのような試みはあまり聞いたことがない。前述したが、やはりそれだけ各校のカラーは強烈なのだろう。

それでは次に、御三家のライバルである新名門校「超進学校」について紹介したい。

御三家を蹴って入学する人が激増！予備校いらずの超難関校「豊島岡女子学園」

池袋駅東口からグリーン大通りを約七分歩いていく。ビルとビルに挟まれたスペースに小ぶりの校門がある。門を通り抜けると目の前は校舎入口がある。この校舎の裏手には首都高速五号線が走っている。

ここは**豊島岡女子学園**。

豊島岡女子学園の歴史は古い。明治時代に設立された「女子裁縫専門学校」が同学園の起源である。

東京出身の五〇代以上の人が豊島岡女子学園の名を聞くと「ああ、都立高校に合格できなかった人たちが進学する学校だね」という見方をするかもしれない。

では、いまの豊島岡女子学園はどんなレベルだろうか。

『四谷大塚主催「合不合判定テスト」偏差値一覧表（八〇％ライン）』の「二〇一八年度入試版」を見てみよう。豊島岡女子学園は二月二日・三日・四日と三回入試を実施しているが、その偏差値は三回すべて「七〇」である。女子御三家の桜蔭が「七二」、女子学院が「六九」、雙葉が「六六」であることを考えると、**豊島岡女子学園は「超難関校」の一角に堂々食い込んでいることがわかる。**

実際、豊島岡女子学園の今春の大学入試合格実績を見ると、東京大学二一名（うち現役合格一八名）、早稲田大学九〇名（うち現役合格七二名）、慶應義塾大学九九名（うち現役合格七八名）をはじめとして一流大学に数多くの合格者を輩出している。特筆すべきは、理系（医系を含む）に合格した卒業生の割合が全体の約六割と高いことである。そして、その三分の一強の卒業生が医学部・薬学部に合格している。

この約三〇年の間に激変した豊島岡女子学園。その秘密は学内の「組織力」にある。現理事長の二木謙一氏が父から校長職を引き継いだのは二〇〇三年のこと。大学の理事などを務めた同氏は豊島岡女子学園の組織改革に大胆に着手した。教員の指導力の向上のための仕組みづくり、生徒の学力レベル伸長を図るための教材・カリキュラム研究……。

在校生の一人は言う。

「授業や宿題をはじめ、進度は速いし、レベルも高い。毎回刺激を受けています」

在校生たちに話を聞くと、「予備校いらず」の綿密な指導体制が敷かれているという。既に触れたように、大学入試対策に重きを置いた指導は行っていない女子御三家各校とは対照的である。

一方、勉学一色の学校かというと、そうとも言い切れない側面がある。

中学校一年生の子はこう言う。

「授業は真剣。でも、お昼休みはみんな仲が良くて、とても明るい雰囲気です」

部活動も活発に行われていて、全国大会常連の中学コーラス部、高校コーラス部をはじめ、ほかにも全国レベルの実力を誇る部が存在している。ここ最近は吹奏楽部も目覚ましい活躍を見せているという。

かつて「裁縫学校」であった同校ではいまも生徒たちに毎朝五分の「運針」を課している。

学業であれ部活動であれ、一意専心し、集中して取り組んでいくことの大切さをこの「運針」の場で鍛えているのだろう。

最近は、桜蔭や女子学院といった女子御三家に合格しても豊島岡女子学園に進学する生徒が増えている。

また、他校と比較すると学費がリーズナブルであるという点も同校の大きな魅力である。

豊島岡女子学園の躍進はこれからも簡単に止まることはなさそうだ。

御三家を猛追！全国に名を轟かせる人気校「渋谷教育学園幕張」

幕張メッセ国際展示場、ＺＯＺＯマリンスタジアムの最寄り駅として知られているＪＲ京葉線の海浜幕張駅。駅周辺は大型のオフィスビルやホテル、アウトレットモールなどがあり、平日休日問わず多くの人たちが行き交う場所である。

一九八三年、この地に共学校の**渋谷教育学園幕張高等学校**が設立され、その三年後には付属中学校も開校した。

千葉県といえば教育熱心なご家庭が目を向けるのは「千葉県立御三家」と形容される「県立千葉高校」「県立東葛飾高校」「県立船橋高校」であり、公立校優位の地であった。

そのような「地の不利」をものともせず、渋谷教育学園幕張は開校初年度の高校入試で驚くほどの人気を集めた。定員の一〇倍以上、実に約四〇〇〇名の受験生を集めたのである。

ただし、当初は先述した「千葉県立御三家」の受け皿的な存在であった。しかし、渋谷教育学園の卒業生たちの大学合格実績がめきめきと伸長するようになってからはその勢力図に変化が起きたのだ。

開校からたった一八年、二〇〇〇年度の大学入試では卒業生三五五名のうち東京大学に一三名、国公立大学には合計一一二名の合格者を輩出するようになった。

そして、さらに一八年経った二〇一八年度は、卒業生三七二名のうち東京大学に四八名（うち現役合格三二名）、国公立大学には合計一九九名（うち現役合格一三〇名）、早慶には二八二名（うち現役合格二〇六名）の合格者を出し、全国的に「渋幕」の名が轟いている。ちなみに、今春の東京大学合格者数は全国で第九位、前年度は第五位であった。

いまや渋谷教育学園幕張の進学実績は近隣の公立校を大きく突き放しているだけでなく、「開成ではなく渋幕」「桜蔭ではなく渋幕」を選択する中学受験生が多く見られるようになった。在校生の住まいも千葉県のみならず、東京都、埼玉県、神奈川県、茨城県と広範囲に渡っている。

そういえば、千葉県在住で桜蔭を第一志望校にしている受験生の保護者から溜息まじりにこんなことを言われた経験がある。

「千葉の中学受験塾って結局渋幕にどれくらい合格者を出すかが勝負で、東京の御三家中学校への対策にはあまり興味がないんですよね……」

さて、渋谷教育学園幕張のサクセスストーリーは現理事長・校長である田村哲夫氏の教育方針がつくりあげたものと断言してもよいだろう。

田村氏は麻布出身であり、渋谷教育学園幕張学園開校時は麻布の理事を務めていた。麻布の「自由」を共学校である渋谷教育学園幕張に取り入れただけではなく、二一世紀に向けて世界で活躍できる国際人育成にも努め、生徒たち一人ひとりの個性を輝かせることを目標にした教育を行った。

同校の教育目標は「自調自考」。自らの体で調べ、自らの心で考えるという意味であり、それが建学の精神にもなっている。

同校に在学している中学生の男の子は学校の雰囲気を次のように語る。

「校則はほとんどないです。高校生の中には髪を染めている人もいるくらいです。とにかく自由な雰囲気で、生徒がやりたいことを先生たちがとことん応援してくれます。たとえば、『学校が廃棄する予定になっているPCを全て回収して、それを材料にスーパーコンピュータを作りたい』と提案した科学部の人がいたんです。普通はそんなの却下されちゃいますよね。でも、渋幕の先生たちは『じゃあ、やってごらんよ』と背中を押してくれるんです」

この話から生徒一人ひとりの個性を最大限に尊重しようという学校側の姿勢が見えてくる。

そういえば、同校の中学三年生はホームルームの時間を用いて「自分史」なるものを作成するらしい。

先の男の子は言う。

「身内にヒアリングするところから始まって、自分の生まれた頃にまず立ち戻るんです。そして、そこから成長する中で自身に影響を及ぼした人物は誰か、出来事は何かを書き出していきます。自身の将来像を考えさせるという狙いがあるんです」

個性豊かな同校の生徒たちが目を向けるのは日本の大学だけではない。今春、同校からの海外大学合格者数は三五名。世界で活躍する国際人の育成という同校の掲げる目標に合致する結果であることがわかる。

実際、同校の英語授業のレベルは相当高いらしい。英会話の授業はオールイングリッシュ。英語によるプレゼンテーションを行う場も数多く設けられていて、同級生の流暢で熱意あるプレゼンを聞いて、刺激を受ける人も多いとか。

「自由」な雰囲気の同校ではあるが、中高一貫カリキュラムは生徒たちの学力をどう伸ばすかという観点に貫かれた秀逸なものだ。中高の六年間をAブロック（中一・中二）、Bブロック（中三・高一）、Cブロック（高二・高三）の三段階制にしていて、多岐にわたる生徒たち一人ひとりの進学ニーズに応えている。また、一年ごとに分厚いシラバス（学習科目の内容と解説）が用意されていて、これは子どもたちが学ぶ上での羅針盤としての役割を果たしている。

このようなきめ細やかさがあるからこそ、生徒たちは安心して学習に打ち込めるのだろう。

「渋幕」のエッセンスを持つ共学校「渋谷教育学園渋谷」

そして、快進撃を続ける渋幕のエッセンスを持つ共学校が一九九六年に東京の中心地に設立された。

渋谷教育学園渋谷である。

前身は渋谷女子高校。

「渋女」と聞いて懐かしく思い出すアラフィフの人がいるかもしれない。バブルの絶頂期、渋谷は「アメカジ」のファッションに身を包む少年少女たちで溢れていた。「チーマー」などという言葉が登場した頃である。そして、渋谷の街を闊歩するいわゆる「ギャル」が属する代表的な学校として当時はこの「渋女」が挙げられた。

渋幕という「既存校」の成功事例があったためだろう。そして、校長が渋幕を立ち上げた田村哲夫氏であり、新設校とはいえ受験する生徒や保護者から絶大な信頼感と期待が寄せられた。渋谷教育学園渋谷、通称「渋渋」は開校当初から爆発的な人気を博した。

開校から二二年、今春二〇一八年度の大学合格実績は、東京大学に二五名（うち現役合格一九名）、国公立大学には合計九七名（うち現役合格六六名）、早慶には一四三名（うち現役合格一一九名）の合格者を出している。なお、今春の卒業生数は二〇六名である。

そして、渋幕同様、渋渋の卒業生たちも海外大学へ数多く進学している。今春合格した海外大学の校数は三一校。なお、中学入試では帰国子女の受け入れを積極的に行っている。

高校生の女の子に聞くと、渋渋はかなり自由な校風であると言う。

「校則はあるにはありますが、ゆるいですよ。先生たちは『それがいいか悪いかは自分たちで判断しなさい』というスタンスです。ピアスをしている人も中にはいますが、先生たちはそれを『いい』とも言わなければ『悪い』とも言いませんね。規則によって『縛られる』ことに抵抗のある人、何かを強制されることが嫌な人こそ合っている学校だと思いますよ」

進路面についてもやはり自主性を大切にするのだろうか。この女の子はこう返答した。

「学校側は早めに進路について考えてもらおうと卒業生をゲストに呼んで『進路説明会』を行っています。ただ、なんとなくですが、学校側としては『東大』を推しているような感じがちょっとしますね」

二八歳になる男子卒業生は振り返る。

「渋渋は渋幕と違って高校入試で入ってくる人がいませんし、学年の人数も約二〇〇名と少数で『知らない人は誰もいない』。だから、六年間で培う同級生たちの結束力はかなり強いと感じています。それから先輩後輩の垣根がないのも特徴的ですね。中学生のとき、同じ部活の高校生の先輩とよく遊びましたよ」

彼に聞くところによれば、同級生同士で結婚するケースが複数あったという。

男女同じ学び舎で過ごす六年間。世代を超えたフランクな人間関係……。こういうところに憧れて、男女御三家ではなく渋渋を選ぶ中学受験生が近年増えているのだ。

彼はこう続ける。

「先生たちは向こうから積極的に働きかけてはこないけれど、こちらから相談すると嫌な顔ひとつせずに快く対応してくれます。たとえば、大学受験のとき予備校には一切通いませんでしたが、学校の先生方のおかげで何の問題もありませんでした。英語だって数学だって頼めばびっしりと添削してくれますよ」

渋渋は「三つの教育目標」を掲げている。

一つは「『自調自考』の力を伸ばす」。

二つ目は「国際人としての資質を養う」。

三つ目は「高い倫理感を育てる」。

この三つの教育目標がカリキュラム、授業、各種行事に組み込まれ、生徒たちは濃厚な六年間を過ごしていく。

新設されてから二〇年強という若い学校の渋渋ではあるが、年を経るごとにその独自の文化、色が確かに形成されているのだ。

ハイレベルな授業は塾・予備校泣かせで有名「聖光学院」

横浜市中区滝之上。

ＪＲ根岸線の「山手駅」を降り、曲がりくねった坂道を上ること約一〇分、学び舎が忽然と姿を現す。

二〇一四年の秋に全面竣工したばかりの綺麗な校舎である。人工芝のグラウンド、テニスコート、屋外プールなども充実していて、とても広々とした明るいキャンパスだ。

ここは「神奈川（横浜）御三家」の一つ、**聖光学院**である。周囲は閑静な住宅街が広がり、ほんの少し歩くだけで横浜の臨海地域が一望できるロケーションである。

聖光学院は一九五八年に聖マリア学園によって設立されたカトリック系の男子校である。

一九四七年に開校した同じカトリック系の栄光学園より一一年遅れの開校であり、当初の聖光学院は栄光学園を目指す子どもたちの併願校としての位置づけが強かった。

聖光学院出身の著名人として筆頭に挙がるのはミュージシャンの小田和正氏。聖光学院在学中に鈴木康博氏らと学園祭でバンドを組んで演奏し、それがかのオフコースの原型になったのは有名な話である。ちなみに、小田和正氏も鈴木康博氏も第一志望校の栄光学園が不合格であり、聖光学院に入学してきたのだ。

ところが、今は事情がちがう。

聖光学院、栄光学園とも二月二日に入試日を設けている（聖光学院は二月四日にも二回目の入試を実施）が、『四谷大塚主催「合不合判定テスト」偏差値一覧表（八〇％ライン）』の「二〇一八年度入試版」によると、聖光学院の偏差値は六九であるのに対し、栄光学園は六五である。聖光学院はいまや栄光学園を凌駕する「超」がつく難関校になっているのだ。

学校関係者によると、二〇一八年度入学者の中には開成や麻布の合格者も多数含まれていて、そして、なんと筑波大学附属駒場の合格者もいたとか。

大学入試の合格実績に目を向けると、二〇一八年は東京大学に七二名（うち現役合格者数五六名）、東京工業大学に八名（うち現役合格者数七名）、一橋大学に一〇名（うち現役合格者数八名）、早慶には二九三名（うち現役合格者数二一二名）をはじめ、圧倒的な結果を出している。

生徒たちの大半は「**勉強ができるのは当たり前のことであり、むしろ、それ以外の部分でいかに個性を発揮できるか**」という意識を持って中高生活を送っている。

実際、聖光学院が力点を置いているのは「情操教育」だという。

その教育を象徴しているのは「選択芸術講座」と「聖光塾」。

選択芸術講座は中学校二年生のときに一年間を通じて行うもの。生徒たちが二〇人くらいのグループに分かれ、バイオリンやクラシックギター、フルート、陶芸、木工、書道、絵画、演劇などに取り組んでいく。

一方、聖光塾は学年を超えて自己啓発型学習をさせる場である。理科の実験教室や里山の自然、釣り、英語劇、解剖実習、ロボット製作など。中学三年生になるとそこからさらに派生して、社会科演習という実地体験を試験休みや日曜日を利用して行っている。たとえば、軽井沢で人間と野生動物の共生について実地調査を行ったり、つくばに行って、研究都市の施設を見学、最先端の技術を体感したり……。「生きた」題材に触れることで生徒たちの学びを喚起しようという試みだ。

では、大学受験に向けた対策はどう講じているのだろうか。

聖光学院は「塾・予備校泣かせ」の学校として有名である。つまり、聖光学院の生徒たちが大学受験対策のために塾や予備校に通ってもすぐに辞めていく。なぜか。彼らはたいていい次のようなことを口にする。

「聖光の授業のほうが断然レベルが高い」

話を聞く限り聖光学院の教員の質はかなり高い。学部卒は少数派で、教員の多くは院卒でそれぞれ専門性を有した人材揃いだという。

それぞれの教員たちが膨大な数のオリジナルの冊子やプリントを作成し、質の高い授業を行っている。そのため、聖光学院には町の印刷所並みの設備が整っているという。

学校関係者は言う。

「聖光学院の中で上位の生徒たちは東京大学や国公立大学の医学部に合格するのが当たり前。だからこそ、学力面で苦戦している生徒たちにしっかりと目を向ける体制を整えているのです」

たとえば、成績不振の生徒たちは、放課後に学校に隣接するザビエルセンター（セミナーハウス）に集められ、そこで個別補習が行われる。彼らの学習指導を担当するのは東京大学などの一流大学に在籍している聖光学院の卒業生たち。そして、徹底しているのは、指導担当はその生徒の所属している部活動の先輩だという。部活動の先輩の言うことはある意味「絶対」である。聖光学院は先輩後輩の上下関係をも学力向上のために活用しているのだ。

聖光学院の教育方針は「紳士たれ（Be Gentlemen）」である。大学受験に向けた科目学習だけではなく、情操教育、そして、部活動などに楽しんで取り組むことでバランスのよい人材を輩出したいという思いがあるのだろう。

2章

旧・一流進学校
VS.
新・一流進学校

三〇年以上の歴史を誇る難関名門校「旧・一流進学校」

次に紹介するのは**「旧・一流進学校」**である。本書では、三〇年以上前の時点より中学入試の世界で確かな人気を博していた学校であり、現在でも程度の差こそあれ、高いレベルを誇っている学校のことを「旧・一流進学校」と定義付けたい。

それでは、「旧・一流進学校」として取り上げる学校とそれぞれの特徴を簡単に紹介しよう。

まずは、男子校から。

人気、進学実績ともに御三家に劣らぬ実力校「駒場東邦」

筆頭に挙げられるのは、男子御三家と同等レベルを維持しつづけている**駒場東邦**である。

駒場東邦の所在地は世田谷区池尻。京王井の頭線「駒場東大前駅」、東急田園都市線「池尻大橋駅」よりそれぞれ徒歩一〇分である。ご存知の方も多いだろうが、駅名の通り、この地には東京大学駒場地区キャンパスが広がっていて、同大学の教養学部の学生たちであふれている。そして、駒場東邦に隣接しているのは、首都圏、いや全国トップの進学校と形容しても差し支えない国立の筑波大学附属駒場がある。ほかにも、私立中高や都立高校が点在するまさに「文教地区」の中心に同校はある。

世田谷区、目黒区の中間に位置するという場所柄だろうか。いまも昔も同校にはおっとりとした真面目なタイプの生徒が集まる傾向にある。

そして、**駒場東邦が以前より人気が高い理由は、教育熱心な保護者をも学内に取り込む戦略をとったことが大きいだろう。**

同校のスタンスは学校と生徒、そして保護者が三位一体となってこそ、その教育的な成果が出るというものであり、保護者が子の学校生活に関わる場が他校と比較すると圧倒的に多い。たとえば、文化祭では保護者も前面に出てその運営を助けている。また、保護者が一堂に会するクラス会が活発に行われており、その結びつきは卒業後も続いている。なんと、駒場東邦卒業生の保護者で組織される同窓会も存在するくらいである。

駒場東邦は歴史的にまだ浅い学校であるが、開校当初から大学進学にこだわりを持っていた。一九五七年に開校したが、初代校長に当時日本一の進学校であった都立日比谷高校の校長を招聘したことも、そのこだわりの表れだろう。

付言すると、この駒場東邦の経営母体は東邦大学である。ただし、系列大学に進学する卒業生の数は少なく、二〇一八年度は五名（現役）である。今春の大学合格実績に目を向けると、東京大学四七名（うち現役合格二七名）、早慶には一九〇名（うち現役合格七二名）であり、男子御三家各校に比肩する結果を出していることがわかる。

生徒指導力、カリキュラム共に自信あり！したたかさで躍進した人気校「海城」

次に、**海城**である。

ＪＲ山手線「新大久保駅」より徒歩五分のところに位置する。住所は新宿区大久保。かつてはロッテの大工場があり、駅を降りるとガムの甘ったるい匂いがするような地域であった。

海城の歴史は古い。一八九一年に海軍予備校として開校した。そして、現在に至るまで難関大学への実績をぐんぐんと伸ばし、人気校の一角へと躍り出た。

今春の大学合格実績を見ると、東京大学四八名（うち現役合格四一名）、早慶には二九〇名（うち現役合格二〇五名）をはじめ、一流大学へ多くの卒業生を送り込んでいる。さらに、駒場東邦や男子御三家各校と比較すると、海城の現役合格率は格段に高いことがわかる。

海城の躍進は同校の「したたかさ」が生み出したものといえる。

かつて、都立高校が隆盛を誇っていた頃、海城は都立のトップ校に惜しくも入学できない層の受け皿としてあえて機能させていた。また、中学入試においては現在では当たり前になっている複数回入試を行うことで、上位校と「併願」できる仕組みを作った。

そして、進学実績の高い他校の教育内容、教材、カリキュラムなどをとことん研究し、良いものはためらわずに導入しつづけた。

もちろん、現在の海城の中高一貫教育のシステムはしっかりと整備され、オリジナリティを有している。同校のホームページを見ると、中高六年間の綿密な学習カリキュラムを惜しげもなく公開している。また、「先生を知る」というコーナーがあり、各教科を担当する先生の指導方針やそのこだわりを細かに紹介している。これらは他校ではあまり見られない試みである。それだけ、自校の生徒指導力に自信を持っていることの表れだろう。加えて、近年はレポート作成に主眼を置いた授業、そして、体験型の授業なども積極的に取り入れている。

のんびりした校風が特徴。人間教育が魅力の仏教系男子校「芝」

続いて、東京タワーのすぐ近くにある**芝**を紹介しよう。

所在地は港区芝公園。東京メトロ日比谷線「神谷町駅」より徒歩三分、あるいは都営三田線「御成門駅」、都営浅草線「大門駅」、ＪＲ「浜松町駅」からも徒歩圏内にあり、そのアクセスの良さは群を抜いている。

芝は徳川家代々の菩提寺である増上寺内に設けられた僧侶養成と徒弟教育の機関を起源としている。そう、**芝は浄土宗を基盤にした古い歴史を持つ仏教系の学校なのである。**

芝は人間教育を前面に打ち出している。浄土宗の宗祖法然が唱えた「共生《ともいき》」を教育の根幹とし、共同体や社会の中で、他者を尊重すること、他者から学ぶことの大切さを説いている。

宗教色は決して強い学校ではない。それでも、仏教に関わる学内行事がいくつか行われている。

中学一年生の生徒はこう説明する。

「『宗祖日《しゅうそび》』には学年全員で増上寺まで参拝しにいき、法話を聞きます。あと、道徳の授業の最初と最後には念仏を唱えますね。学内に『岳蓮社《がくれんじゃ》』という小さな寺院があり、そこでちょっとした法話を聞いたこともありますね」

彼によると、**芝はあまり「勉強、勉強」と追い立てないのんびりとした校風だという**。とりわけ中学生は勉強よりも部活に力を入れて取り組む生徒たちが多いとか。

「夏休みの宿題は七月で終わらせて、八月は部活に専念しなさいという指示が学校からありました」

学内のこういう雰囲気が一時期は「芝温泉」などと揶揄されたこともあった。しかしながら、芝の生徒たちはむしろその「ぬるま湯」に居心地の良さを感じているようだ。自由でのびのびとした中高生活を謳歌している。

とはいえ、難関校の一角として長年レベルの高い生徒たちを受け入れている芝。高校に進学すると、授業内容も徐々に大学進学を意識した実践的なものが多くなるという。

高校二年生になると、文系と理系に分かれたクラス編成となるとともに、成績上位者を選抜した特別クラスが設けられる。

今春の大学合格実績を見ると、東京大学に一一名（うち現役合格七名）、早慶には一八三名（うち現役合格一二四名）をはじめ一流大学に数多くの合格者を輩出していて、やはり一流の進学校であることがわかるだろう。

さらに、**芝の教員は生徒たちを特定の大学に誘導するようなことは一切しない**という。このことは同校のホームページの「進路・進学指導について」に明記されている。その文言は次の通り。

「進路の決定にあたっては、特定の大学への進学を強制することなどは決してなく、生徒の自主性を大事にしています。それは、自分のことは自分で決める、そういった姿勢が社会では必要であるという信念からであり、生徒自身が自分のペースで夢を語り、進むことができるようにしてあげることが大切だと考えているからです」

自由な校風と充実した設備が魅力「桐朋」

東京の旧・一流進学校を語る上で忘れてはならないのが**桐朋**《とうほう》である。「東邦」と区別するために「キリトモ」と訓読みで呼ばれることもある。付属の幼稚園、二つの小学校のほかに、桐朋音楽大学、桐朋女子という姉妹校もある。東京の多摩地区、国立市に桐朋はある。ＪＲ国立駅より徒歩一五分のところに広大なキャンパスが広がっている。

桐朋の施設の充実度は他校の追随を許さない。たとえば、約六万五〇〇〇冊の蔵書を誇る図書館、本格的な天文ドームに４Ｋ規格の高精度画像を投影できるプラネタリウム……。運動施設にいたっては、三〇〇メートルトラックを有し、六面のバレーボールコート、サッカーの公式試合も行える東グラウンド。それだけではなく、両翼九〇メートルの野球場のある西グラウンド。ほかにも、計四つある体育室、約一七〇畳の柔道場、そして専用のプールにトレーニングルーム……。

桐朋を志望する受験生の多くが「キャンパスに一目惚れした」というのもうなずける。

桐朋は戦時中の一九四一年、当時の山下汽船の社長・山下亀三郎氏の寄付金によって創立された第一山水中学校を起源とする。当初は軍人の子弟の教育施設であった。しかし、敗戦後には東京文理科大学（現在の筑波大学）の管理指導の下に桐朋学園が設立された。

以後、同校は主として多摩地区の優秀な男子生徒を集めるようになっていった。

さて、桐朋の中学生は詰襟の制服を着ているが、高校からは一転、私服通学となる。これは、学校サイドが「高校生は自主・自律の精神を身につけた存在」と見なすがゆえのことである。

私服だけではない。**桐朋は「自由な校風」を貫いている。**自由闊達な校風の中で、一人ひとりが責任感と創造性を持った人間に成長してほしいという学校側の意図があるのだ。聞けば、学校行事のほとんどは生徒たちの手によって運営されている。特に六月に行われる「桐朋祭」は約一万人の来場者を迎えて盛大に行われる。

授業はどのような様子なのだろうか。

ひと言で表すと「アカデミック」な授業が多いといえるだろう。いわゆる大学入試を第一に考えたものにはなっていない。

ホームページに明文化されているが、専任教員の比率が高く、それぞれの教員の専門性を発揮した授業を学校側も推奨している。また、教員の学術研究を積極的に推進するための独自の研修制度がある。こういった試みは他校ではあまり見られない。

校風は麻布に近く、授業は武蔵に近い。そんなイメージが桐朋にはある。

しかしながら、そんな桐朋も近年は主として大学合格実績という点において苦境に立たされている。

一九八〇年代には毎年五〇〜六〇名程度の東京大学合格者を輩出していたが、二〇一七年度の東京大学合格者数は八名にまで落ち込んでしまった。しかも、現役合格は一名である。

この凋落の原因はいくつか考えられるが、多摩地区に新たな人気校が登場したことが大きいだろう。たとえば、早稲田大学高等学院（東京都練馬区）が中学を新設したり、共学化した早稲田実業（東京都国分寺市）が人気を博したり……。また、都心とは異なり、多摩地区の中学受験率はさほど高くない。近年、国立《くにたち》、西、武蔵といった都立のトップ校が復調の兆しを見せていることから、それまでの男子の中学受験層が高校受験へとシフトしたことなどが考えられる。

もちろん、桐朋はこの状況に対して何の策も講じないわけではない。それまで二月一日の単日入試であったのを複数回入試に変更し、新たな優秀層の獲得に力を入れている。

二〇一八年度の東京大学合格者は一三名（うち現役合格八名）と盛り返している。今後、どのように推移していくのかが注目される。

カトリックの精神に基づいた神奈川の代表校「栄光学園」

次に、神奈川の男子校に目を向けてみよう。

神奈川の旧・一流進学校の代表的存在といえるのは**栄光学園（神奈川県）**である。

同校は鎌倉市に位置している。が、鎌倉の中心地にあるわけではない。隣町は横浜市であり、最寄り駅はＪＲ大船駅となる。大船駅南改札西口を出て、右手に大船観音を仰ぐ山道を約一五分上ったところに同校がある。広大な敷地に約一万平方メートルを有する校舎。しかも、二階建てという贅沢な構造である。栄光学園創立七〇周年事業の一環としてこの新校舎は二〇一七年三月に竣工した。

同校に隣接していたのはイエズス会大船修道院。そう、**栄光学園はカトリック系の**

ミッション校である。ただ、以前はこの修道院に住む司祭たちが同校の教壇に立ち、生徒たちに英語や倫理を指導したというが、現在は司祭の姿を目にすることはない。司祭が減少の一途を辿った結果、修道院を閉鎖してしまったのだ。

なお、栄光学園は二〇一六年に上智大学の母体である学校法人上智学院と合併している（ただし、学園としては独立した運営を行っている）。

栄光学園は戦後まもない一九四七年に神奈川県横須賀市の旧海軍施設跡地に創立された。現在地に移転したのは一九六四年のこと。

卒業生の一人に解剖学者の養老孟司氏がいるが、四期生の養老氏は著書の中で同校の学校生活を「校則が厳しい」「かなり勉強させる」と述懐している。当時から相当な進学校であったことが窺える。前章で言及したが、一九五八年に創立された横浜市の聖光学院は、当初「栄光学園に不合格になってしまった子」の受け皿的な存在だった。

もともとはイエズス会が経営母体であった栄光学園。同会の教育目標は「他者のために尽くす人材の涵養《かんよう》」であり、**栄光学園は教育キーワードの一つとして「MEN FOR OTHERS, WITH OTHERS（他者のために、他者とともに生きる）」を掲げている。**

そのために生徒を心身ともに徹底的に鍛え上げようという教育方針をとっているのだ。たとえば、同校ならではの取り組みとして二時間目と三時間目の間には全校生徒たちが上半身裸でラジオ体操を行う「中間体操」がある。ほかにも、授業前には教員が来るまで目を閉じて静かに待っていなければならないという「瞑黙（メディテーション）」を行う。

このように書くと、なんだかスパルタ的な印象を受けてしまうかもしれないが、そうではない。同校の卒業生は言う。

「中間体操に瞑黙……当時は『何でこんなことやっているんだ？』と思いましたが、いま振り返ると、そのおかげで息抜きするときと集中するときの線引きが自ら行える、つまり、けじめをしっかりと付けられるようになったと思います」

学校全体の雰囲気は殺伐とした感じではなく、むしろ休み時間などは朗らかな空気が流れているらしい。しかし、授業に入るや否や生徒たちは「勉学モード」にすぐに切り替わる。

部活動も盛んであり、たとえば、軟式野球部は全国レベルの実力を誇る。**文武両道を体現している学校なのだ。**

今春の大学合格実績は、東京大学に七七名（うち現役合格五〇名）、早慶には一九四名（うち現役合格七四名）であり、一学年の人数が約一八〇名とやや少数であることを踏まえるとさすがのひと言だ。

さて、今度は女子の旧・一流進学校を見ていこう。

お嬢様学校？いえ、一流の進学校です。親子三代で通う名門女子校「白百合学園」

都心に位置する**白百合学園**。カトリック系のミッション校である。場所は千代田区九段北であり、ＪＲ「飯田橋駅」、都営新宿線および東京メトロ東西線・半蔵門線「九段下駅」よりそれぞれ徒歩一〇分。学校は靖国神社に隣接している。

白百合学園の校訓は「従順、勤勉、愛徳」である。世間一般には「お嬢様学校」のイメージを持つ人が多い。「ごきげんよう」と交わされるあいさつや、校則、そしてしつけに厳しい点などがそのイメージを強めているのかもしれない。

しかし、実はこの**白百合学園は一流の進学校であり、学力的にハイレベルな子女の**

集うところである。

同校は幼稚園・小学校・中学校・高等学校・大学までを備えた学園だが、系列大学まで進学する生徒は多くはない（今春は一一名が進学）。

今春の大学合格実績を見ると、東京大学には現役で八名、早慶には現役で六一名が合格している。医歯薬系を目指す生徒たちが多いのも特徴的であり、今春は七五名が合格している。**東京大学の理Ⅲを筆頭に、国公立大学の医学部に合計一〇名の合格者を輩出しているのも白百合学園の進学校としての実力をよく示している。**

さて、学習カリキュラムの特徴はどうなっているのだろうか。意外に思われるかもしれないが、受験対策もしっかり行っている。理系・文系科目ともに高校から習熟度別のクラスも設けられ、生徒たち一人ひとりのレベルに応じたきめ細かな学習指導が実施されている。

ただし、**特定の難関大学、あるいは医歯薬系への進学を誘導するようなことは学校側は一切行わない。**あくまでも生徒主体で進路を決定している。

付言すると、この白百合学園は、在校生の母、祖母が同校のOGであるというケースがよくあるそうだ。「わが娘、孫娘にも自分たちが受けた白百合の教育を受けてほしい」という願いがあるのだろう。

伝統校であり、高いレベルの進学校である白百合学園。中学入試は二月二日に実施されているが、女子御三家各校の併願校として女子トップ層が狙う学校にもなっている。

高い進学実績を誇る日本最古の女子校「フェリス女学院」

そして、これまた女子大付属校ではあるが、進学校としてトップクラスの実績を誇る女子校を挙げてみたい。**フェリス女学院**である。

横浜市中区山手町にある同校。JR「石川町駅」、みなとみらい線「元町・中華街駅」から丘を登ったところにある。周囲は外人墓地、港の見える丘公園があり、横浜の中心地に位置しているといってよいだろう。近くには横浜雙葉、横浜共立といった名門校がある文教地区としても知られている。

フェリス女学院は「日本最古の女子校」として知られている。一八七〇年にアメリカの宣教師によって設立されたプロテスタント系（福音主義キリスト教）の学校だ。

白百合学園同様、系列大学への推薦制度があるものの、そこへ進学する生徒は少ない（今春は現役で六人が進学）。

大学合格実績に目を向けると、今春は東京大学一三名（うち現役合格一〇名）、早慶には一三五名（うち現役合格一二七名）の合格者を輩出している。

これだけの進学実績を上げているのだから、さぞかし厳しい受験体制が学内で敷かれていると思うだろう。しかし、そうではない。

基礎に忠実な学習カリキュラムが構築されていて、先取り学習などはほとんど行わない。学内テストの実施回数は少なく、その分、科目の本質を丁寧に伝える授業が行われている。しかし、ハイレベルな生徒たちが集う授業は自然に高度なレベルを扱うこととなる。徹底的に記述させる国語や少人数指導を組み入れた英語授業は「刺激になる」と評判がいい。

フェリス女学院は自由でのびのびとした校風であり、学校側は生徒たちの自主性を尊重している。校則はおろか学生手帳もないという。教育理念は「For Others」。聖書の「めいめい自分のことだけでなく、他人のことにも注意を払いなさい」（「フィリピの信徒への手紙」2章4節）という言葉に基づいた人間教育に力を入れている。

語学教育、自主性を尊重した教育が魅力「横浜雙葉」

そのフェリス女学院のすぐ近くに**横浜雙葉**がある。その名の通り、四谷にある雙葉の姉妹校である。

しかし、歴史をたどると雙葉の発祥はこの横浜にあるといってよい。一八七二年にカトリック系の修道会「幼きイエス会」により設立された施設を起源としている。当初は孤児の教育施設として機能していた。

横浜雙葉は宗教色が比較的強い学校といえるだろう。朝礼時と終礼時の祈りは日常的に行われている。また、カトリック系のミッション校らしく、ボランティア活動も数多く行われている。

しかし、生徒たちを厳格に管理する学校かというとそうではない。学内は明るい雰囲気であり、生徒たちの自主性を尊重した教育が行われている。勉強に一生懸命打ち込む生徒が多いが、部活動にも力を入れていて、中学では全員がどこかのクラブに参加することが義務付けられている。

横浜雙葉は四谷の雙葉同様、語学に重点を置いた教育が特徴的だ。外国人講師による英会話も取り入れ、授業時間数も多い。中学校三年からは希望者対象にフランス語教育も行われている。また、高校二年生になると各自の進路希望に応じた選択授業を導入している。小テストや指定補習なども積極的に実施されていて、生徒たち一人ひとりに対してきめ細かな学習指導体制が敷かれているのだ。

その大学合格実績も立派なもので、東京大学五名、早慶七二名をはじめ、大多数が難関とされる大学に進学している。

県立人気の埼玉で高い人気と進学実績を誇る「浦和明の星女子」

最後に埼玉県にある女子校を旧・一流進学校として紹介したい。

カトリック系のミッション校である**浦和明の星女子（埼玉県）**である。

所在地はさいたま市。ＪＲ「東浦和駅」が最寄りである。

この学校の創立は一九六七年と歴史は比較的浅い。にもかかわらず、難関校の一角に躍り出るにはさほど時間はかからなかった。同校のとった戦略はなかなか大胆である。

新設校がたくさんの受験生を集めるのはなかなか難しい。その結果、新設校のほとんどは受験生の大半を合格させることとなる。しかし、浦和明の星はそんな妥協は一切しなかった。

「わが校が求めている学力レベルに達していなければ、受け入れることはしない」という方針を徹底的に貫いた。結果として一九七〇年に卒業した第一期生はたったの一一名。そこからじわりじわりと同校の評判は良くなっていった。**入試で厳しく選抜された「少数精鋭」の指導が功を奏して、難関大学への合格率は年々高まっていったのだ。**

県立志向の強い埼玉県で、県下最難関の女子校である県立浦和第一女子といつのまにか肩を並べるレベルとなった浦和明の星女子。

そして、二〇〇三年より中学校を新設、二〇〇六年には完全中高一貫体制となる。

埼玉県の中学入試は一月に行われる。二月一日以降に入試が実施される東京・神奈川の私立中学入試のいわば「前哨戦」となり、女子御三家各校に挑む受験生が浦和明の星の入試に集結する。

しかし、近年は東京在住の受験生であっても「第一志望校は浦和明の星女子」という子も増えている。JR埼京線を使えばアクセスしやすい立地であるというのも大きいのだろう。そして、何より大学合格実績の高さを考えれば、娘をぜひ通わせたいと熱望する保護者が多いのも頷ける。

今春の大学合格実績を見ると、東京大学の合格者はいなかったものの、早慶に七四名の合格者を輩出している。卒業生が一七一名であることを考えると難関私立大学への合格率が高いことがわかる。

浦和明の星女子は密度の高いカリキュラムが構築されているものの、比較的ゆったりとした進度で学習を行う。とりわけ、語学教育は充実していて、英語はハイレベルな内容になっている。東京外国語大学や上智大学への進学者が毎年多いこともそれを証明している。

校風はのんびりとしていて、おっとりとしたタイプの生徒が多いらしい。郊外の広々とした場所にあることも関係しているのだろう。

御三家よりも旧・一流進学校で子どもが伸びる理由

「男女御三家」は中学入試ではもはや「ブランド」であり、多くの中学受験塾はそこへ何名の合格者を送り込んだかを競っているようなところがある。換言すれば、これら進学塾の後押しもあり、御三家各校は安定して高レベルの生徒たちを受け入れることができている。

反面、**毎年優秀層が確保できる御三家各校の多くは大学入試の対策をあまり行わない**。というよりも、そこに重きを置かずともそう簡単に凋落することはないという安心感があるのだろう。その分、各校の色をふんだんに出した教育を行っている。個の自由を尊重する麻布や女子学院、アカデミックな授業が売りの武蔵……。

そう考えるとこれらの男女御三家各校にわが子を預けるのはある意味「賭け」でもある。各校の教育がわが子にフィットすれば、中高六年間の中で大きく成長する一方、だらけてしまうととことん落ちぶれてしまう危険性も孕んでいるからだ。

その点でいえば、旧・一流進学校は常に危機感を抱いている。つまり、大学入試の進学実績が学校の浮沈に大きく関わることを意識しているのである。

結果的に生徒の学力を伸ばすためのカリキュラム、教材、授業内容が練られていくことになる。また、学習面で苦しんでいる子の個別対応などにも注力するようになる。

大切なわが子の六年間を託す学校として、保護者はこれら旧・一流進学校にはこのような点で「安心感」を抱くことができる。

このことからも理解できるように、御三家各校には個性の強い生徒たちが校内を闊歩しているのに比べると、旧・一流進学校は比較的おっとりとした真面目に着実に学んでいくタイプの生徒が多いといえる。

「軸」があるから安心して子どもを預けられる学校揃い

以上、ここまで旧・一流進学校を紹介したが、それぞれの学校には教育における「軸」が存在していることが理解できただろう。そして、保護者はその「軸」を信頼して大切なわが子を託すのである。

この**「軸」とは、教育理念、あるいは、教育目標、教育方針と言い換えてもよいだろう。**私立中高のホームページをチェックしてみると、ほぼすべての学校が自校の「軸」はどんなものかを細かに紹介している。

中高の「軸」は生徒たち、教員たち双方にとって重要である。生徒たちは自らの目指すべき学習姿勢、生活態度が明確になるし、教員にとっては生徒を指導する上で、学校側が提示する「軸」から逸脱していないかどうかを自省するためのチェックポイントともなる。

後述するが、**昨今の中高教育では「グローバル教育」「ＩＣＴ教育」「アクティブラーニング」など新たな潮流が生まれている。**

これが設立したばかりで「軸」が曖昧模糊としている学校だと、その時々の潮流に右往左往してしまい、生徒たちをどう育てていくかという本質が見えなくなってしまうこともある。

さて、各校の教育の「軸」に基づいての中高生活を送った生徒たちは、良くも悪くもその学校の色に染まっていく。

その染め上げられた色、すなわち、その学校の生徒たちが醸し出す共通した雰囲気こそ、わが子の受験校を選定する基準となるのだ。

わが子はどんな色に染まってほしいか。

それを決めるうえで見逃してはならないのは、その学校の在校生、卒業生たちのキャラクターである。

たとえば、受験の際には本命一校だけでなく、何校か併願するのが一般的だが「武蔵」「海城」という組み合わせはあまり聞いたことがない。

武蔵は大学受験を意識しないアカデミックな授業を行い、生徒たちの探求心を刺激するという特色がある。一方、海城は大学受験に向けての綿密なカリキュラムがしっかりと組まれているいわば「管理型」タイプの学校であるといえる。どちらが良い悪いの話ではないが、「水」と「油」の関係といえるだろう。

武蔵を第一志望校にするのであれば、たとえば同じようにアカデミックさ、自由さを兼ね備えた桐朋が第二志望校として考えられる。

わが子はそのような雰囲気に対して拒絶反応を示さず、順応できるかどうか。これは偏差値だけでは決してわからない。常日頃からわが子がどんな性格なのか、長所や欠点はどんな部分かなどを保護者がちゃんと観察していく必要がある。

束縛されるのが大嫌いということなら麻布が向いているかもしれない。反対に、ある程度管理する必要性があると思えば、栄光学園が向いているかもしれない……。

もちろん、入試日程をチェックしてどのような組み合わせで受験できるのかをシミュレーションすることは当然だが、いま述べたような観点を保護者が持たなければ、わが子の学校生活がうまくいかないという危険性があることを認識してほしい。

宗教色のある学校が子どもの「考える時間」を養う

さて、ここで宗教色のある学校について考えたい。その前提となる話として、近年子どもたちを取り巻く「環境」について言及したい。

わたしたち大人の中高生時代のときと、現在の中高生を比べたときに、その違いが顕著なのが身のまわりの「情報量」の多さであろう。いまの子どもたちは「雄弁すぎる」環境に置かれている。

テレビや雑誌、ネット、そして目にする宣伝広告の文句など、今の世の中は実に数多くの言葉であふれている。

「情報過多」と言われるいま、子どもたちが一日で目にする情報量は江戸時代に生きた人の一生分だという見方もある。また、総量は文庫本約一七〇冊分に相当するという学説もある。

甚だ逆説的ではあるが、子どもたちは言葉による情報があまりにも多過ぎるため、流れてくる言葉を「受け流す」術を無意識のうちに体得しているのではないか。そして、何かひとつの物事に対して熟考するという機会を奪われているのではないか。

電車の中にいる中高生を観察してみるとわかるだろう。彼ら彼女らの大半はスマホを片手に、何かと慌ただしくしている。

ＡＩ（人工知能）の発達により、人間は今まで以上に「人間らしさ」を持つことが求められていく。これからの時代を生きる子どもたちはいかに多くの情報を脳内に蓄積しているかという側面だけではなく、その情報をそのときどきの場面で適切に取捨選択し、それらを自らの創造に活かしていくという主体性が必要となる。

こう考えていくと、**多感な中高時代において、子どもたちが悩んだり、葛藤したり、熟考したり……という時間は大変貴重なものとなる。**

そして、中高教育を考える際、とりわけ宗教色のある学校はこの貴重な時間を意図的に設けていることが多いと感じている。

たとえば、カトリック系の栄光学園の「瞑黙《めいもく》」の時間を考えてみよう。

授業開始と終了時に三〇秒～一分程度行うこの「瞑黙」だが、生徒たちの気持ちを静める効果があるとともに、授業で教わった内容を再度自身の中で整理整頓できる効果があるという。この瞑黙がすっかり身に付いた在校生、卒業生たちは大事な試験の場などで心を落ち着かせるために自然とこの作業を行うようになるという。

カトリック教育とプロテスタント教育、どちらが宗教色が強いのか？

ご存知の方も多いだろうが、カトリックは「旧教」、プロテスタントは「新教」と分類される。その分かれ目はルターによる一六世紀の宗教改革にある。

一般的に**カトリックは「教会主義」、プロテスタントは「聖書主義」**であるとも言われている。

それでは、カトリックとプロテスタントの中高教育を考えた場合にどちらがより宗教色が強いのだろうか。

何となくイメージとしてはカトリックのほうが宗教色が色濃く教育に反映されていそうではあるが、実はその反対である。

カトリック教会のミサでは、自分の聖書や讃美歌集を開くことはあまりない。聖職者がチャンティング、節をつけて説教するのがメインであった。つまり、聖職者がその場をリードする。それを観衆がじっと聴くスタイルをとった。

それが、宗教改革の結果、プロテスタントが生まれ、観衆が自分たちで讃美歌を歌うようになる。民衆の用いる言葉で書かれた聖書も作られた。だからこそ、観衆は自ら礼拝に臨むという積極性が求められるようになった。

これはミッションスクールの教育にも適用できる。**「聖書主義」のプロテスタントだからこそ、聖書を用いた授業は細かな点まで踏み込んで説明をするところが多いし、毎朝礼拝を行う学校も数多くある。一方、カトリック系の学校は話を聞くことがメインとなる。**もちろん、その学校のスタンスにもよるだろうが、カトリックよりもプロテスタントの教育のほうが、ある種宗教色は強く感じられるだろう。

ところで、ミッション系の学校といえども、在校生の中で洗礼を受けている者はほぼ皆無である。保護者も同様である。

にもかかわらず、なぜ、日本にはこんなにミッションスクールが多く存在しているのだろうか。

ミッションスクールが男子校よりも女子校に多い理由

それは明治期の宣教師の力に拠るところが大きい。江戸時代の末期から明治時代のはじめくらいまでは、日本はキリスト教の布教に警戒をしていたため、宣教師たちは「学校」を設立するという名目で聖書を伝えようとしたのだ。加えて、アメリカやイギリスからやってきた宣教師は女性の人権、人格を大事にしていた。そして、当時の日本は女性が低く見られていた時代であり、教育はおろか、自分の考えを持つことすら否定されていた。

そんな中、彼らの「女性であっても学ぶ権利はある」という思想は立ちどころに広まっていった。だから、男子校よりも女子校のミッションスクールのほうが圧倒的にその数を上回っている。

確かなことは「ミッション」とは「使命」のことであり、各ミッションスクールはキリスト教主義に基づいた確固たる「教育軸」を有している。その軸は何百年、何千年というその教えを信じた者たちが培ってきたものであり、ちょっとした時代の変化に対して揺らいだりするものでは決してない。

生徒たちを教育する上で大切なのは、学校が、教える側が「ぶれない軸」を持っていることだ。何を善として何を悪と見なすのか……。それがはっきりしている学校教育に安心感と信頼を寄せる保護者が多く、結果として子どもたちはミッションスクールに進学するのだろう。

意外と知られていない仏教系の教育の特色とは？

次に仏教の色がある学校の特色について言及しよう。

仏教系の教育と一言で言い切ることはなかなか難しい。なぜなら、そこには数多くの宗派が存在していて、それぞれのカラーがあるからだ。ちなみに、日本の伝統仏教だけでも一三宗に分類される。

いくつかの仏教系中高の宗教に基づいた教育理念を紹介し、それらの共通点を探ってみよう。

芝（男子校／浄土宗）

校訓「遵法自治《じゅんぽうじち》」

全世界や宇宙の法、永遠の真理などに逆らわずに生きるとともに、自主・自立の態度で自分を治めること。

世田谷学園（男子校／曹洞宗）

教育理念「Think&Share」

釈迦の「天上天下唯我独尊」を英訳したもの。この世界で、自分だけがもっているかけがえのない価値があるとともに、すべての人々それぞれが持っているかけがえのない価値がある。

鎌倉学園（男子校／臨済宗）

教育理念「礼義廉恥」

人として身につけなければならない社会の正しい道理を知り、心を清くして悪を恥じ、決して不正を行わないこと。

駒込（共学校／天台宗）

教育理念「全力を尽くす人間こそ、国や社会の宝である」

その人が置かれたその場にあって、ひたむきな向上心をもって全力を尽くす人こそが国や社会の宝であるということ。

淑徳（共学校／浄土宗）

教育方針「進みゆく世におくれるな、有為な人間になれ」

あらゆる命を尊び、自己及び他者を愛し、何者にも束縛されない自由な心を持った人間となり、社会で活躍できるようになること。

仏教系の五校を例に挙げてみたが、学校側がどういう人間を育てたいのかというその狙いが理解できたのではないだろうか。

共通項を見出すのはなかなか難しいが、**「自分の価値」を磨き、「他者の価値」を尊重できる礼節を重んじる人間の醸成を謳っているとまとめることができる。**

私がこれまで出会った仏教系中高の出身者は確かに礼儀正しい、気の利く人間が多い。仏教の教えを「軸」とした中高生活を送ったことの証左であろう。

かつての不人気校はあの手この手で人気校へとその姿を変えた

いつのことだったか、タクシーに乗っていたときに六〇代くらいの運転手から職業を尋ねられて「中学受験を専門にしている塾講師です」と返答した。すると、その運転手は懐かしそうに次のような話をしてくれた。

「いまの中学受験はみんなかなり勉強しなければいけないんだろ。俺のいた学校だってずいぶん難しくなったって聞いたもんなあ。俺が在学していた当時は、近隣から『不良学校だ』って嫌われていたんだよね。ま、実際塀を乗り越えて学校を抜け出すヤツとか普通だったし、ろくでなしが集まっていたよ（笑）」

ちょっと興味をそそられたので、学校名を尋ねたところ、攻玉社だという。

詳しくは後述するが、中学受験の世界で攻玉社は難関校の一角に位置している。最近は東京大学にコンスタントに一〇数名〜二十数名の合格者を、早慶には約二〇〇名の合格者を輩出しつづけている。ところが、かつての攻玉社はいまの姿とは大きく異なっていたのである。

ここで取り上げる**「新・一流進学校」**。

これら各校は、ここ十数年は安定した人気を誇っている学校が多いが、かつてはレベルの低い学校と見なされていたところばかりだ。

それでは、男子校から紹介しよう。

教員の質にとことんこだわる。地道な努力をつづけて大成功「浅野」

栄光学園、聖光学院とともに**「神奈川（横浜）男子御三家」**と形容される男子校がある。それが**浅野**だ。

なお、手元に一九八〇年代の学校案内があるが、そこには「神奈川の御三家と呼ばれている学校は、栄光学園、聖光学院、桐蔭学園であり〜」という記載がある。そう、浅野はこの三〇年ほどで進学校としてめきめき頭角を現してきた学校なのだ。

浅野は横浜市神奈川区子安台にある。最寄り駅はＪＲ「新子安駅」。駅から海側を見ると工場群が目立つ。ここは京浜工業地帯の中心的な地域である。

この京浜工業地帯の歴史を語る上で欠かせない人物がいる。重工業を中心に一代で財を成した浅野總一郎である。「日本の臨海工業地帯開発の父」とも呼ばれた浅野總一郎は、一九二〇年に浅野総合中学校を設立した。当初は京浜工業地帯で働く勤労学生に「実学教育」を行う場所であった。

浅野總一郎は事業で得た利益を惜しげもなく社会に還元しようとした。東京湾の埋め立てを推進し、京浜工業地帯の形成に寄与したり、京浜地域に鉄道網をはりめぐらしたり、セメント業や造船業に力を入れたり……それらはすべていまの社会に何が必要かを熟考したうえで手掛けたものであった。

多くの事業に携わる中で、浅野總一郎は事業そのものより、そこに関わる人材こそが大切であることを痛感するようになる。

浅野が進学校として躍進した大きな理由として、生徒たちを指導する「人材」の質にこだわりつづけたことにある。創業者の思いを具現化した学校づくりを心がけたのである。

たとえば、教員の新卒採用は当初は行わず、他校で実績を積んできた教員や、個性豊かな教員、そして、生徒に対して情熱を傾ける教員の「中途採用」に力を入れた。

実際、浅野の卒業生がこんな話をしてくれた。

「浅野の先生たちはとにかく面倒見がよかったです。手作りのプリントも多く、また、わからないところを質問すると放課後に付きっきりで教えてくれるなんてこともごく普通のことです」

力量のある教員たちが生徒たち一人ひとりに徹底的に目を向け、指導していく。この地道な取り組みが進学校として大成する原動力になったのだ。

一九八〇年代後半には初めて東京大学に二ケタの合格者を輩出した。以降、進学実績はぐんぐん伸長し、二〇一八年度は東京大学に四二名（うち現役合格者数三六名）、早慶に二四七名（うち現役合格者数一七四名）、その他、一橋大学に一五名（うち現役合格者数一二名）など男子校の中では現役合格率の高い学校といえる。

とはいえ、浅野は勉強一色の校風というわけではない。

浅野という学校の特色を語る上で「各駅停車」という言葉がよく用いられる。

大学受験の合格に向けて「特急」で進むようなことは一切しない。途中下車して寄り道をすることだって必要だという空気が学内にある。その証拠に勉学だけでなく部活動や学校行事を全身で楽しんでいる生徒たちばかりである。だからだろうか、学内にはのんびりとした空気が流れている。

よく浅野の在校生、卒業生が自嘲気味に口にする言葉がある。

「学校名といい、その雰囲気といい、うちは公立みたいなところです」

何か派手な仕掛けがあるわけではない。浅野生たちはゆっくりと堅実に成長していくのだ。

文武両道でのびやかな校風「本郷」

次に、**本郷**を紹介しよう。

所在地は豊島区駒込。駒込とはいっても、ＪＲ「駒込駅」からよりも、ＪＲ・都営三田線「巣鴨駅」のすぐそばにある。

本郷は一九二二年に開校した。創立者は高松藩松平家第十二代当主であり、のちに貴族院議長に就任した松平頼壽である。「本郷」と名付けられたのは、松平が当時東京都本郷区（現在の文京区の一部）の教育会長を務めていたことに由来する。

学制改革に伴い本郷中学校を本郷高等学校と改称してからしばらくは高校からの募集のみ行っていた。中学校を開設したのは一九八八年のことだ。

本郷というと「スポーツの盛んな学校」というイメージを抱く人がほとんどだろう。

とりわけ有名なのはラグビー部。一九八五年の全国高等学校ラグビーフットボール大会（いわゆる「花園」）では準優勝を飾った実績を持つ。サッカー部は一九七九年の全国高等学校サッカー選手権大会では準決勝まで駒を進めた。また、元競泳選手でオリンピックの金メダリストである北島康介氏が通った学校としても知られている（水泳は学外の活動ではあったが）。

教育方針の一つに「文武両道」を掲げる本郷。いまも、前述したラグビー部をはじめ、陸上競技部、科学部、社会部などは全国レベルの実力を誇る。

その本郷が進学校として頭角を現したのはいまから約二〇年前のこと。入試回数をそれまでの二月二日・四日の二回から三回に変更。三回目入試は二月五日に行われた。その三回目入試を経て入学してきた生徒たちは御三家・早慶レベルの中学校に惜しくも手が届かなかった優秀層であった。この層が中心となって、本郷の大学合格実績をグンと押し上げた。そして、その結果が評判を呼び、本郷を第一志望校とする高い学力を持った生徒たちが集まり始めたのだ。

興味深いのは、本郷の入試が狭き門になればなるほど、近隣にある男子進学校・巣鴨がレベルを落としていくという「負の相関」が見られたことだ。

本郷は『四谷大塚主催「合不合判定テスト」偏差値一覧表（八〇％ライン）』の「一九九五年度版」によると、偏差値四九、その二三年後の「二〇一八年度版」では偏差値六二（両年度とも二月二日入試での比較）と劇的にレベルを伸ばしている。

一方、巣鴨は一九九五年度の二月二日入試の偏差値が六四だったのに対して、二〇一八年度は五四と一〇ポイントも下げている。

ここから容易に推察できるのは、それまで巣鴨を受験していた層がどんどん本郷の受験へとシフトしてきたことだ。なぜか。

巣鴨の人気が凋落したのは、徹底した管理教育が年々敬遠されるようになってしまったことが大きい。たとえば、早朝から道場で行う寒稽古、褌《ふんどし》姿で実施される遠泳、大菩薩峠越え強歩大会、そして、校門での「一斉持ち込み検査」（携帯電話の持ち込みは禁止）など、ともすれば「時代錯誤」的なイメージを抱いた受験生や保護者が多かったのだろう。

反面、**本郷の校風は自由でのびやかなものである。**教員たちと生徒たちの距離は近い。そして、授業は生徒たちに勉学を楽しませることで「自学自習」の精神を養っていきたいという思いに貫かれている。

また、本郷は生徒たちの学力向上のために、一人ひとりに自らの「生活習慣」を手帳に書かせて、いまの自身の状況を客観視させることまで行っているという。

このような本郷の教育姿勢が時代に合っていたのだろう。本郷を志す受験生の数はぐんぐんと増えていったのだ。

今春二〇一八年度の大学合格実績は、東京大学一七名（うち現役合格者数一三名）、早慶に一九二名（うち現役合格者数一一九名）という結果であった。一〇年前と比較すると、早慶については三倍近い合格者数を輩出している。この勢いは今後も止まりそうにない。

以前は不良が通っていた!? いまは立派な進学校「攻玉社」

続いて、先述のタクシー運転手のエピソードで取り上げた**攻玉社**。

攻玉社は品川区西五反田。東急目黒線「不動前駅」より徒歩二分のところに位置している。

その歴史は古く、江戸時代末期の一八六三年に蘭学者の近藤真琴が江戸四ッ谷坂町鳥羽藩邸内に開いた蘭学塾が起源である。その後、明治時代中頃からは海軍の士官養成校としてその名を轟かせていたという。

かつては、不良が通う学校と言われていた攻玉社。実際、在校生たちはベテラン教員から当時の生徒たちの「武勇伝」を教えられることもあるという。

攻玉社が進学校としての転機を迎えたのは平成に入って高校募集を停止し、中高一

貫体制を構築したことにある。

生徒たち一人ひとりの成績動向に目を配り、教員たちが一丸となった「泥臭い」指導が功を奏して、徐々にではあるが難関大学の合格者が増えてきた。そして、**当初掲げていた「東京大学一〇名合格、早慶上智一〇〇名合格」という目標は、一九九〇年代の半ばに達成し、優秀な受験生が集う学校へと変貌を遂げた。**

なお、二〇一八年度の攻玉社の合格実績は、東京大学一三名（現役合格者数一〇名）、早慶二〇六名（現役合格者数一七七名）と現役合格率の高さが光る。

いまの攻玉社はどのような雰囲気なのだろうか。ＯＢの大学生が語る。

「厳しいのか自由なのか判然としない学校ですね。身だしなみに厳しく目を光らせているいると思ったら、帰りの寄り道は全く問題なし。在校生は落ち着いた感じのお坊ちゃん風が多いですね」

聞けば、程度の差こそあれど、部活動も活発だという。

「特にサッカー、水泳、剣道あたりは良い成績を残していますし、練習はハードですよ」

かつて攻玉社が進学実績を飛躍的に伸ばす原動力となった「泥臭さ」はいまも健在

なのだろうか。

「そうですね。中間・期末考査で成績下位になってしまうと放課後の補習が強制されますね。また、質問にも丁寧に答えてくれますよ。一方で、学校から志望大学に何か注文がくるようなことはありません。聞けば、相談には乗ってくれますが、基本的に進路は生徒の自主性に任せているみたいです」

「ヨタ校」から一流の進学校へシフトチェンジ「世田谷学園」

受験生の祖父や祖母の代に「ウケの悪い」学校が世田谷区にある。この学校を受験すると聞けば、「あんなに勉強しているのに、なぜ志望校は『ヨタ校』なのか？」と嘆かれることがある。なるほど、従来の「いいかげんな、ふざけた」という意の「ヨタ」と、「世田」をかけ合わせてこう呼ばれていたのだ。

この学校は世田谷区三宿にある**世田谷学園**のこと。前述の通り、昔はやんちゃな男子校生たちが多く集まってくる学校だったらしい。

また、世田谷学園というとオリンピックでのメダリストを複数名輩出した柔道部、選抜高等学校野球大会（春の甲子園）に出場経験のある硬式野球部をはじめ、スポーツが盛んな学校という印象を抱く人がいるだろう。

しかし、いまの世田谷学園は男子進学校として広く認知されるようになっている。二〇一八年度は東京大学に五名（うち現役合格者数四名）、東京工業大学には一〇名（全員現役合格）、早慶に一〇二名（うち現役合格者数九一名）など現役合格率の高さが目を引く。

世田谷学園がかつての「ヨタ校」から一流の進学校へとシフトチェンジしたきっかけは、現学校長・山本慈訓氏の父である前学校長・山本慧彊氏による学校改革である。

山本慧彊氏が学校長に赴任した翌年の一九八三年には学校名をそれまでの「世田谷中学」から「世田谷学園」に変更。公立と勘違いされやすく、遠方から受験生がやってこなかったことがその理由であるという。変えたのは名称だけではない。**それまで中学校は各学年一クラスしかなく、あくまでも高校主体であった学校の構造を大胆に改革、すなわち、中高一貫教育の体制を構築したのだ。**

世田谷学園の起源は曹洞宗の学寮である。その仏教や禅の教えに立脚した「生徒一人ひとりがかけがえのない価値や能力を持った尊い存在である」という考えに基づき、個々の生徒の学力や希望する進路に応じたクラス編成を実施するとともに、徹底した個別対応に着手した。

一九八五年からはライバル校に先駆ける形で「国際教育」を導入。海外での語学研修制度などを取り入れたり、帰国子女を積極的に受け入れたりといった試みを行った。

このような試みが徐々に評判になり、いつしか世田谷学園は高い学力レベルの生徒たちが集まるようになったのだ。

かつての「やんちゃ」な生徒が多かったころの名残だろうか。生徒指導はやや厳しめであり、メリハリのある学校生活を生徒たちが送るようきめ細やかな指導を行っているという。それを象徴しているのが、毎朝生徒たちが校門に入る際に一礼する姿である。

しかしながら、進学校として確固たる地位を築いたことと、やはり世田谷区という土地柄だろうか。在校生たちは全般的におっとりした真面目な雰囲気であるという。

現学校長である山本慈訓氏はウェブサイトのあいさつで「夢中人になろう」と世田谷学園のあるべき生徒像を示している。締めくくりにその一部を引用したい。

「勉強でもスポーツでも、自分の得意なことに。高い目標を立て、一歩一歩着実に歩もう。根気よく、怠らず続けよう。豊かな感性と、たくましく生きる力を養おう。自ら学び、自ら調べ、自ら行動する人に」

世田谷学園を改革する際の軸になった「生徒一人ひとりはかけがえのない価値や能力を持った尊い存在である」という考えはいまも不変であることがわかるだろう。

大胆な改革で校舎から制服まで一新して人気校へ「鷗友学園女子」

それでは、女子の新・一流進学校を見ていこう。

世田谷区の三軒茶屋駅を始発に「東急世田谷線」という路面電車形式の軌道線が走っていることをご存知だろうか。終点は下高井戸駅。その乗車時間は約一七分と短い。駅間は短く、環状七号線を横切る際は、ほかの自動車同様「信号待ち」をする。二両編成という小ぶりな電車はバスのようにも見える。

その東急世田谷線に「宮の坂駅」がある。駅から閑静な住宅街を通り抜けること約四分、打ちっ放しのコンクリートが特徴で開放的な雰囲気を持った学校が忽然と姿を現す。

ここが**鷗友学園女子**である。

鷗友学園女子は東京府立第一高等女学校（現在の都立白鷗高校ならびに白鷗高校附属中学校）の同窓会によって一九三五年に創立された。創立年の秋より東京府立第一高等女学校の校長を務めた「女子教育の先駆者」と形容される市川源三氏を校長に迎えた。

市川源三氏は**「女性、すなわち良妻賢母である前に一人前の人間であれ」「社会の中で自分の能力を最大限発揮して活躍する女性になれ」**と教え、戦前の男尊女卑の時代に女性教育の必要性を説き、著書『現代女性読本』では男女同権を認める思想を発表した。

そして、「慈愛（あい）」「誠実（まこと）」「創造」の三つの言葉を鷗友学園女子の校訓に掲げた。この校訓は創立以来、現在に至るまで引き継がれている。

なお、同校はミッション校ではないが、キリスト教を「心の教育」として取り入れている。これは、二代目校長である石川志づ氏が「無教会主義」を唱えた内村鑑三氏の薫陶を受けたことが影響している。

鷗友学園女子の歩みは決して順風満帆にはいかなかった。とりわけ一九八〇年代には思うように生徒が集まらず、生活態度が荒れた在校生も多かったという。

そして、この頃から鷗友学園女子の大改革が始まる。**教育内容、校舎、制服、そして、広報活動にいたるまでそれまでのものを一新したのだ。**

ただし、それまでの鷗友学園女子の歴史を否定したわけではない。むしろ逆である。先述した「慈愛」「誠実」「創造」の校訓を教育現場で具現化しようと努めていったのである。

生徒たちを指導する際には、彼女たちの自由な発想や行動を保障し、教師はそれを引き出すという学校の方針を打ち出した。それゆえ、文化祭・体育祭などのイベントのほとんどは生徒自ら企画・運営している。

鷗友学園女子が明るく開放的な雰囲気に満ちていると言われるのはこのような学校方針があるからなのだろう。

そして、授業内容の強化にも着手した。

国語の授業では表現学習に重きを置いたり、数学の授業では「女子は数学が不得意である」という先入観をまずは教員側が捨てることから始め、オリジナルの問題集などを作成し、複線的思考の育成に努めたりした。また、**いまや鷗友学園女子の代名詞的な特徴になっている「オールイングリッシュ」で進行される英語の授業を導入した。**

卒業生は振り返る。

「いまは変わっているかもしれませんが、わたしのときは英単語ひとつ調べるのにも『英英辞典』を使うんです。慣れるまではなかなか大変でしたが、英語は相当鍛えられました」

そのほかにも、大学入試に向けた中高一貫の学習カリキュラムを練り直したり、教科によっては少人数制指導を導入したりとさまざまな改革を行った。

これらの鷗友学園女子の実践が徐々に高評価を得はじめて、それに伴い優秀な生徒たちが門戸をたたくようになった。

『四谷大塚主催「合不合判定テスト」偏差値一覧表（八〇％ライン）』によれば、一九八〇年代には偏差値四〇台の鷗友学園女子ではあったが、「一九九五年度版」になると五五（二月二日入試）となり、最新の「二〇一八年度版」では偏差値六三（二月三日入試）とそのレベルを着実に伸ばしている。

今春の大学合格実績に目を向けてみよう。東京大学には六名合格（うち現役合格者数五名）、早慶には一一七名（うち現役合格者数九六名）、上智大学・東京理科大学に一一〇名（うち現役合格者数八四名）など一流進学校にふさわしい結果を打ち立てている。理系、医系に進学する生徒の割合が高いのも特筆すべき点である。

教育系の大学院に通う卒業生は言う。

「鷗友は先生たちの距離も近いし、親身になって勉強を見てくれます。それがよくわかるのは教員室の風景。放課後には多くの生徒たちであふれ、質問をする列ができているくらいです。わたしの同級生の中には予備校にはまったく通わず、鷗友の勉強一本で東京大学の理系学部に現役合格した子がいます」

以前、鷗友学園女子は二月二日・四日・七日の三回入試を行っていた時期があった。当時は二月一日に別の学校を第一志望校にする受験生のいわゆる「併願校」としての位置づけが強い学校であった。

それがいまや二回入試のみとなり、二月一日の募集定員は一八〇名、三日は四〇名となっている。すなわち、いまの在校生たちの大半は鷗友学園女子を第一志望校にして無事合格を獲得した子たちである。

自由闊達で、生徒一人ひとりの自主性を尊重する鷗友学園女子の人気は簡単には揺るがないだろう。

徹底的な現場主義で気がつけば「女子新御三家」に「吉祥女子」

ＪＲ中央線の下り線に乗る。西荻窪駅を過ぎてしばらくすると車窓からちらりと教会と見紛うようなレンガ造りの塔が見える。この塔には「心理」という意味のラテン語「VERITAS」という文字が刻まれている。

この塔は、吉祥女子の一号館のシンボルタワーである。

「吉祥」を「きっしょう」と発音する人がいるが、これは間違いで「きちじょう」である。この数十年の間に進学校としての地位を確固たるものとし、**いまや豊島岡女子学園、鷗友学園女子と並べて「女子新御三家」と呼称される女子校である。**

吉祥女子の起源は一九三八年、新宿区に設立された帝国第一高等女学校。創立者は地理学の権威であり、「帝国書院」を立ち上げた守屋荒美雄氏である。「社会に貢献する自立した女性の育成」を掲げたが、開校直前に急逝してしまう。その同氏の遺志を継いだのは、数学者である息子の守屋美賀雄氏であった。

親子二代で興された学校ではあったが、同族支配による運営がなされたわけではない。むしろ、学校の運営は教職員の自主性に委ねることで現場の創意工夫を促したのだ。それを象徴しているのは、守屋美賀雄氏自身が敬虔なカトリック信者であったにもかかわらず、「生徒たちの多様性を尊重したい」という思いから宗教色を一切学校に持ち込まなかった点だ。

この教職員による自主的な取り組みを重んじる、いわば「現場主義」の傾向は、その後の学校のあるべき姿を決定づけた。

戦後の一九四六年、現在地に移転した同校は「吉祥女子」と校名を変更した。所在地が「武蔵野市吉祥寺東町」にあるがゆえ名づけられたわけだが、「吉祥寺」としなかったのは、「寺」をつけることで仏教系の学校という先入観を持たれたくなかったからだという。

一九六九年には高校に「芸術コース」(音楽・美術)を設置し、より個性豊かな生徒たちが集まる学び舎となった。この芸術コースは完全中高一貫体制になった二〇〇七年に廃止されたが、いまもなお**吉祥女子は「高度な技術の習得と創造性を学ぶ」という方針のもと、芸術教育に力を入れている。**また、放課後の課外授業講座も数多く用意していて、「ピアノ」「声楽」「ヴァイオリン」「フルート」「造形」「華道」「茶道」「箏曲」「日本舞踊」「着付け」などを学ぶことができる。

さて、一九六〇年代～七〇年代にかけては学力レベルの高い生徒たちを集めることのできない苦難の道を歩んだ同校だが、一九八〇年代以降はその人気はぐんぐんと上がっていった。

『四谷大塚主催「合不合判定テスト」偏差値一覧表（八〇％ライン）』をチェックすると、「一九八五年度版」では偏差値五三の位置にあった吉祥女子だが、「一九九五年度版」では五五となり、最新の「二〇一八年度版」では偏差値六〇（二月一日入試）と難化していることが分かる。

なぜ、このような人気を博する学校になったのだろうか。

まず挙げられるのは、教員たちの意識改革である。**吉祥女子では生徒たちが教員を評価する制度をいち早く導入した**。これにより、教員たちは教材研究や教材・カリキュラムの開発、そして授業手法の研鑽に力を入れた。

また、教員たちは生徒一人ひとりにとことん向き合う姿勢を大切にした。学習面や進路面に関するカウンセリングを積極的に行うことで、生徒たちの学びへの意欲を喚起するよう心がけていった。

加えて、吉祥女子が**トップダウン的な運営をよしとしなかったことが現場に活力を与えた**。日々生徒たちと接する教員たちの「生の声」を学校側が吸い上げ、それを具体的な取り組みへと反映していく。

たとえば、高校一・二年生では、希望者を対象に校外施設のある富士吉田キャンパスにて「祥友ゼミナール」という六泊七日の勉強合宿を行っている。例年一〇〇名程度が参加するこの合宿は、一日一〇時間に及ぶ授業があり、深夜まで課題に取り組まねばならないなどハードな内容となっている。これも現場の声から生まれた試みであり、引率教員はあくまでも立候補制をとっていて、教員たちが自発的に講座を立ち上げるという。

創立以来、「現場主義」を貫いてきた同校ならではの取り組みであることがよくわかる事例だろう。

今春二〇一八年度の大学合格実績を見てみよう。東京大学には二名合格（ともに現役合格）、早慶には九六名合格（うち現役合格者数八一名）をはじめ一流大学に多くの進学者を輩出している。ほかにも、東京芸術大学、武蔵野美術大学、多摩美術大学、東京造形大学などの合格者も多数いる。さすが芸術教育に力を入れているだけはある。

吉祥女子は勉強ばかりしていればよいという校風の学校では決してない。部活動が盛んに行われていて、総務部（生徒会役員会）を中心に、生徒が主体となってさまざまな行事（文化祭の「吉祥祭」や運動会、球技大会など）を企画運営している。

「主体的に学び知的探求心を育む」「人間力を高め自立心を育む」「グローバル社会で生きるための多様な価値観を育む」という三点が同校の教育方針である。吉祥女子はこれから先、現状に安住することなく、現場から上がってくる声を教育内容に反映し、その形を柔軟に変えていくのだろう。

中学で高校レベルの英語力が身につく「頌栄女子学院」

港区白金台。都内屈指の高級住宅街の中にその学校はある。加えて、都営浅草線の「高輪台駅」からは徒歩数十秒という抜群のアクセスを誇る。

にもかかわらず、学内に足を踏み入れると緑豊かなキャンパスが広がっている。中庭や運動場を囲む森の樹々は港区保護樹林に指定されている。校庭に向かう坂道を歩いていると小鳥のさえずりが聞こえてくる。学校関係者によれば蛇が顔を見せることもあるという。

ここは**頌栄女子学院**。

一八八四年に創立されたプロテスタント系のミッション校である。当初の名は「頌栄学校」。「頌栄」は「三位一体の神に栄光を帰するための讃美歌」という意味を持つ。巷では「しょうえい」と冒頭にアクセントを置いた発音をするが、これは間違いでアクセントをつけずにフラットに発音するのが正しい読み方であるという。

頌栄女子学院のWEBサイトに教育方針が記されている。その一部を抜粋すると、「男女は同権ではあっても同質ではありません。（中略）女子にふさわしい教養を身につけさせるためには、女子だけの教育が理想と考えております。（中略）ここにいう教養とは、学力はもちろんのこと、高雅な品性や豊かな国際感覚の涵養、社会のために貢献奉仕できる人格の形成を指しています」とある。これらはすべて聖書の教えを軸にしたものであるという。

一九七〇年代まではレベル的に低迷していたという頌栄女子学院。その人気に火を付けたきっかけは一九八二年度、創立一〇〇周年を迎えてモデルチェンジした制服にあった。

タータンチェックの巻きスカートにエンブレムがついているブレザー。当時は前例のないタイプの制服であり、センセーショナルな話題となった。いまとなっては特段珍しくない柄の制服なのは、多くの女子校がこの頌栄女子学院の制服に追随して続々とモデルチェンジを行ったからだ。なお、日本で最初に林間学校を実施したのも同校だという。頌栄女子学院はこのように先進的な試みを行ってきたのである。

そのような気風が在校生たちにも伝播するのだろうか。頌栄女子学院の在校生たちは明るく、活発なタイプが多い。だからこそ、勉強だけでなく、クラブ活動にも熱心に打ち込み、それが学校生活の中心になっているような生徒たちが多く見られる。

一九九一年度からは完全中高一貫制に移行。教育内容、カリキュラムなどを充実させていった。

頌栄女子学院といえば「英語教育」がよく知られている。中学から習熟度別授業を設けて学力強化に努めており、高校二年からは実に七クラスに分けて到達度に応じた英語指導が行われるという徹底ぶりだ。

また、頌栄女子学院は帰国子女の受け入れを積極的に行っていて、その数は在校生の約二〇%を占めるという。彼女たちは一般生たちと相互によい刺激を与えながら学校生活を送っていく。

同校では英語運用能力を図る指標として英検を用いている。**驚嘆すべきは、中学卒業時の生徒たちの平均的な英語力が高校中級程度に達していることだ。**

今春二〇一八年度の大学合格実績を見ると、やはり「英語」に力を入れている学校であることがはっきりとわかる。東京大学には二名（ともに現役合格）、東京外国語大学に五名（全員現役合格）、早慶に一七五名（現役合格者数一六八名）、上智に八一名（現役合格者数八〇名）など難関大学へ多数の合格者を輩出しているだけではなく、その現役合格率の高さは目を見張るものがある。

この頌栄女子学院はこの数十年で人気が急上昇した。実際、『四谷大塚主催「合不合判定テスト」偏差値一覧表（八〇％ライン）』によると、「一九九五年度版」では偏差値五二となっているが、その一三年後の「二〇一八年度版」では偏差値が六〇となっている（ともに二月一日入試）。現在は二月五日にも入試日を設けていて、女子御三家を受験する優秀層が併願する学校ともなっている。

3章

旧・大学付属校 VS. 新・大学付属校

人気が過熱する理由は「大学入試改革」「定員の厳格化」にあり

いま、**中学入試の世界では大学付属校が人気を博している。**その人気ぶりは「過熱的」と形容しても差し支えない。

なぜか。その理由は冒頭でも触れたが、ここで再度まとめてみたい。

一つは、二〇二〇年度からの「大学入試改革」にある。従来の大学入試センター試験が廃止され、「大学入学共通テスト」が新たに実施される。また、個別大学における入学者選抜にもメスを入れようとしている。たとえば、小論文や面接、討論などを入試に導入したり、英語における民間の外部検定試験の結果を提出させて、それを合否判定の材料として活用したり……といった具合だ。

この大学入試改革は、高校と大学の教育を一体で見直そうという**「高大接続改革」**の一環として位置づけられる（同時期に小学校や中学校の指導要領も改訂される予定）。**ざっくり言うと、この教育改革の狙いは子どもたちに「学力の三要素」を求めるものだ。**すなわち、従来の「知識・技能」中心の教育に留まることなく、知識・技能を土台にした「思考力・判断力・表現力」、さらにはそれらに基づいた「主体性・多様性・協働性」を持った人間形成を行い、グローバル化や技術革新が進展する現代に対応できる人材育成を目指すというもの。

しかしながら、施行直前期のいまになっても、具体的に大学入試がどう変わるのかが判然としていない。たとえば、東京大学は二〇一八年九月の時点で、英語の外部検定試験結果の提出を必須としない方針を急遽打ち出した。これによる他大学への影響は計り知れない。

つまり、**二〇二〇年度以降の大学入試制度が不透明なことに対して不安を抱いた保護者の多くが、わが子の中学入試で「系列大学への道」が約束された大学付属校を選択しているのだ。**

そして、もう一つは、**昨今の「私大定員超過厳格化」**である。

文部科学省は二〇一六年度より私立大学において入学定員超過による私立大学等経常費補助金の不交付の基準を厳しくしている。ざっくり言うと、大学入試で合格者を「出し過ぎてはいけない」という指示である。これを受けた直後の大学入試では、早稲田大学や法政大学がそれぞれ前年比で二〇〇〇名以上、明治大学、青山学院大学、立教大学、専修大学などは一〇〇〇名以上も一般入試合格者数をしぼりこんでいる。

その結果、私立大学が全体的に難化し、多くの高校の大学合格実績は前年より振るわないものになってしまっているのだ。

以上が昨今の大学付属校人気の理由であるが、**保護者の「不安」がその人気を押し上げている、すなわち「消極的」な理由で大学付属校をわが子に選択させるという保護者が増えている**ということだが、大学付属校には「系列大学への道」が用意されているほかにも長所はたくさんある。

本章ではそれらを紹介していきたい。

ほぼ全員が内部進学。一貫した教育体制が魅力「慶應義塾普通部」

まずは、**慶應義塾大学の付属校**を二校取り上げよう。幼稚舎（小学校）から大学に至るまでの慶應義塾の学園構成については131ページの別表を参照してほしい。ここでは各校の特色を紹介していきたい。

横浜市港北区日吉本町に**慶應義塾普通部**はある。東急東横線・目黒線、横浜市営地下鉄（グリーンライン）「日吉駅」周辺は、「慶應」が中心の町である。駅の東口には慶應義塾大学の日吉キャンパス、慶應義塾高校がある。付属の男子中学校である慶應普通部は、その反対側の駅西口から歩いて約五分のところにある。

慶應義塾大学の創立者は言わずと知れた福澤諭吉である。一八五八年に中津藩士の福澤が江戸築地（現在の東京都中央区）の中津藩の中屋敷内に開いた蘭学塾を起源としている。

一八九〇年、慶應義塾の一貫教育体制確立に伴い、中学課程を普通学科とし、翌年に「普通部」と改称した。なお、現在の日吉に移転したのは戦後、一九五二年のことである。

慶應義塾普通部は、中学入試を経て入学してくる生徒約一八〇名に加え、慶應幼稚舎から約六〇名～七〇名が内部進学してくる。なお、中学卒業後はその大半が慶應義塾高校に進学する。ここでは高校入試で新たな生徒が数多く入学してくるため、一学年七〇〇名を超えるマンモス学校となる。そして、ほぼ全員が慶應義塾大学へと進学する。

さて、慶應義塾普通部に話を戻そう。

慶應義塾の一貫教育体制の中、慶應義塾普通部の授業では「大学入試対策」は行われない。広く満遍なく各科目の基礎知識を身に付けさせたいというのが学校側の狙いのようだ。

それでも、卒業生に話を聞くと「とてもマニアックな授業だった」という声も多く聞かれる。それもそのはず。難関入試をくぐり抜けてきた学力の高い層を満足させるため、教員側も知らず知らずのうちに指導のレベルが上がっていくのだろう。さらに、生徒たちの探究心に押される形で、大学レベルの内容にまで踏み込んで授業が行われることも珍しくないとか。

近年の慶應義塾普通部の授業ではPCやタブレット端末を活用しての授業が増えている。**旧態依然とした「一方通行」の授業ではなく、ためらわずに新しい試みを導入し続けている。**

卒業生の一人は言う。

「理科の楽しさを知ったのは、普通部の授業でしたね。一年中、実験ばかりしていたような気がします」

慶應義塾普通部では、英語・国語・数学・理科・社会という一般的に「主要」とされる科目だけではなく、美術・技術・家庭・音楽・書道・保健体育など、どの教科もじっくりと時間をかけてその科目の本質を伝える授業を行っている。中学三年生では選択授業も導入。「スペイン語」「琉球研究」「文芸」「複言語」「木管楽器」「金管楽器」「弦楽器」「現代社会特講」など二〇講座弱が開講され、少人数制指導のもと、マニアックな授業を展開している。中には大学研究室の訪問や、その分野で活躍している社会人などの講演会などを盛り込んでいるところもある。

慶應義塾の学園構成

小学校	中学校	高等学校	大学
慶應義塾幼稚舎(共学)	慶應普通部（男子）	慶應義塾高校（男子）	慶應義塾大学
	慶應中等部（共学）	慶應義塾志木高（男子）	
		慶應義塾女子高（女子）	
		慶應義塾ニューヨーク学院（共学）	
慶應義塾横浜初等部（共学）	慶應湘南藤沢中等部（共学）	慶應義塾湘南藤沢高等部（共学）	

そんな慶應義塾普通部が一年で最も力を入れている行事は「労作展覧会（労作展）」。生徒たちが長時間かけて取り組んだ論文や芸術作品などを発表する。また、部活動の展示・試合等を併催されることもあり、例年多くの人が詰めかける人気行事になっている。

難易度トップレベルの私立共学校「慶應義塾中等部」

続いて、**共学校である慶應義塾中等部。**慶應義塾大学三田キャンパスの裏手にその学び舎はある。

前身は慶應義塾大学三田キャンパス内にあった慶應義塾商工学校。一九四七年に新制の中等部として開校した。

以来、**慶應義塾中等部は私立の共学校としてはその難度はトップレベルであり、多くの受験生が憧れる対象でもある。とりわけ、女子の学力レベルは突出している。**中学入試では男子約一四〇名募集に対して、女子は約五〇名募集と狭き門であることがその要因である。

なお、慶應義塾中等部には中学受験を経て入学してくる生徒以外に、慶應義塾幼稚舎から男子約二〇名、女子約五〇名が進学してくる。そして、卒業後は男子の大半が慶應義塾高校へ、女子の大半が中等部のすぐ近くに校舎を構える慶應義塾女子高校へと進んでいく。

自由な校風の中で、個々の自立心が高まるよう学校側は生徒たちを温かな目で見守っている。

慶應義塾普通部が「真面目で温厚」な生徒が多いと言われるのに対して、慶應義塾中等部は「明るくて活発」な生徒が多いとされている。これは男子校と共学校の違いだろう。

慶應義塾大学に通う女子学生がこんな話をしてくれたことがある。

「内部上がりの人と聞いて、『普通部』なのか『中等部』なのかはその人を見ればだいたい当たりますよ。女の子に対して気軽に話しかけてくるのはだいたい中等部出身。普通部出身者は奥手というか、ちょっと堅いイメージがあります」

慶應義塾「普通部」「中等部」の違いと共通点

慶應義塾中等部は「授業」「校友会（クラブ）活動」「学校行事」を教育活動の三本

柱と位置付けている。校友会には一七の運動部（運動系クラブ）と二一の学芸部（文科系クラブ）があり、活発な活動が行われている。

その校友会、とりわけ学芸部による発表の場を「展覧会」と名付け、外部公開している。また、この展覧会では、「生徒会の部屋」「学年の部屋」「国際交流の部屋」「運動部の部屋」「同窓会の部屋」という展示も実施し、慶應義塾中等部の教育成果の一端を窺うことができる。

「慶應義塾普通部の『労作展』と何だか似ているな」とお感じの人もいるだろう。そうなのだ。**慶應義塾中等部と普通部はその教育内容において実によく似ている。**

授業も例外ではない。

「円満な人格と豊かな人間性」の育成を教育目標としている慶應義塾中等部の授業はいろいろな学問の基礎を学び、様々な体験を積み重ねることを重視している。また、これまた普通部同様、中学校三年時には選択授業を実施。「幕末維新と福沢諭吉」「落語研究」「文学と映画」「いのちの法律学」「造形ワークショップ」「スペイン語入門」「フランス語入門」など、約二〇講座が用意されている。ところで、「高校入試（英語）にチャレンジ」という講座が設けられているのは実に興味深い。高校（慶應義塾高校など）から入学してくる優秀層に英語で差を付けられないようにしたいという配慮なのだろうか。

魅力は広いOBネットワーク

慶應義塾の一貫体制に見られるのは「ファミリー意識」である。小学校から大学・大学院に至るまで、慶應義塾という「学園」に囲い込むような教育が行われている。

一方、早稲田大学はどうだろう。かつては慶應とは対照的に、純然たる付属校は高校からしかなかった。しかしながら、二〇〇二年には系属校の早稲田実業学校が初等部（小学校）を開校。そして、二〇一〇年には早稲田大学高等学院中学部を開校、初めて早稲田大学直系の中学校が誕生した。慶應義塾の後追いをするかのように早稲田が「学園色」を強めつつあるのは注目に値する。

慶應義塾に話を戻すと、その「ファミリー意識」を象徴しているのは「慶應連合三田会」の存在だろう。これは慶應義塾大学の同窓会のことであり、「年度別」「地域別」「職域別」に合計九〇〇近い団体で構成され、多くの慶應義塾大学の卒業生がこれらの団体のいずれかに属している。

同会のホームページのトップページには「慶應に入学して良かったと思うのは、大学を卒業してからかもしれません」という文言が躍っている。

社会人からになってからこの「慶應ネットワーク」に助けられた経験を持つという卒業生は多い。同窓会の中には転職の斡旋、同業他社同士の情報交換などが行われることがあるとか。

わが子の将来を考えたときに、このネットワークの存在を魅力的に感じる保護者が多いのではないだろうか。

内部進学は半数のみ。付属校でありながら進学校「早稲田中学校・高等学校」

それでは、早稲田大学の付属校について見ていこう。先ほど少しだけ触れたが、二〇一〇年の早稲田大学高等学院中学部開校までは純然たる早稲田大学の付属の中学校はなかった。

ただし、系属校・系列校として「早稲田中学校・高等学校」「早稲田実業学校」の二校がある。まずは、「早稲田の中高」と聞いて思い浮かべるこの二校を紹介しよう。

新宿区の馬場下町に中高一貫校である男子校「早稲田」はある。東京メトロ東西線「早稲田駅」からは徒歩一分。

歴史は古く、早稲田大学創立者である大隈重信の賛同の下、一八九五年坪内逍遥らによって創立された。早稲田大学は「学問の独立」を建学の精神として掲げたが、早稲田は「人格の独立」を主張し、「誠」を人間教育の根本精神として掲げたのだ。そして、生徒一人ひとりがその「個」を伸ばしつつ、将来的には世界に貢献する「有為の人材」を育成していきたいという早稲田の教育目標は現在もそのまま引き継がれている。

早稲田は早稲田大学の「系属校」である。一学年約三〇〇名が在籍している。早稲田大学各学部より定員が指定され、学内の推薦基準に従い、推薦候補者を決定していく。その推薦定員数の合計は一六九名である。しかし、例年その推薦定員は埋まらず、この推薦制度を活用するのは在校生の半分弱の約一三〇名～一四〇名に過ぎない。

なぜか。

実は早稲田は「早稲田大学」への推薦制度がありつつも、進学校としての側面も強

いのだ。

実際、二〇一八年度の大学合格実績を見ると、早稲田大学には二四〇名の合格者がいるが、慶應義塾大学には七六名、東京大学に三八名、一橋大学に一二名、東京工業大学に一三名の合格者を輩出している。近年は医学部志望者が増加傾向にあり、今春は東京大学理科Ⅲ類、慶應義塾大学医学部をはじめ、四五名が医学部に合格している（すべて過年度生を含む数値）。

だから、**授業内容は進度が速くハードなカリキュラムとなっている。**この点は、慶應義塾普通部や中等部とは対照的である。

実際、英語、数学、国語といった主要科目は随時授業内で小テストが行われ、生徒たちが学習状況を客観視できるような工夫がされている。

高校二年生以降は文系、理系別のクラス編成となる。そして、高校三年生になるとさらに細分化したクラスが組まれ、生徒たちがそれぞれ目指す大学、学部に対応できるような授業が行われているのだ。長期休暇中には補習や講習会授業も実施している。

よって、「付属校」のつもりでこの早稲田を志望するのは早計である。

部活動や各種行事も充実している。最大の行事は九月に行われる「興風祭」という文化祭。学芸部の発表の場としてだけではなく、劇や映画、模擬店、校庭に設けられたステージでの各種パフォーマンスなど大いに盛り上がる。部活動やクラスだけではなく、有志による展示も数多くある。例年、約二万人が来場するビッグイベントだ。

機会があれば、足を運び、早稲田の校風をそこで感じてほしい。

まさかの共学化で人気が加速「早稲田実業学校」

次に、早稲田実業学校を取り上げよう。

一九〇一年、早稲田実業中学として早稲田中学校の校舎内に開校したのがそのはじまりである。一九〇八年には近隣の新宿区早稲田鶴巻町に移転した。

一九六三年には早稲田大学系列下編入としての合意書に調印し、早稲田大学への推薦制度を充実させた。

男子校であった早稲田実業学校が大きな転機を迎えたのは、二十一世紀になると同時のことであった。

二〇〇一年にそれまでの早稲田鶴巻町のキャンパスから国分寺市本町の新校舎に移転した。そして、翌年の二〇〇二年より男女共学化するとともに、初等部（小学校）

を開校したのだ。

早稲田大学直系の付属校ではないが、早稲田とは異なり、早稲田大学へ進む生徒の率はかなり高い。二〇一八年は卒業生総数四一七名中、四〇七名が早稲田大学に推薦入学した。

「ほぼ確実」に早稲田大学に進学できること、そして、近年の共学化人気もあり、早稲田実業学校は中学入試で難関校の一角に名を連ねている。中学入試では男子八五名、女子四〇名という募集人員になっているため、とりわけ女子の入試倍率・難度はかなり高いのが特徴的である。

その早稲田実業学校は、二〇一八年に次年度からの中学入試要項の変更点として驚くべき発表をした。入試日は二月一日のままだが、合格発表日を二月二日から一日遅らせて三日に変更するのだ。記述問題を多く盛り込む入試問題に変更するため、その採点に時間がかかるというのがその理由である（これによって、併願校の組み方が難しくなる）。

近年の「合格発表の早期化」とは真逆の路線であるが、それで人気が落ちるわけではないという学校側の自信の表れなのであろう。

さて、早稲田実業学校というと甲子園で活躍する「硬式野球部」のイメージを抱く人がたくさんいるだろう。

野球部以外にも、ゴルフ、ラグビー、スキー、硬式テニス部などの運動系の部が実績を上げていて、文化系でも吹奏楽部や将棋囲碁同好会などが有名だ。約四〇にわたるクラブがあり、広大な国分寺のキャンパスにはさまざまな施設・設備が整っている。学校見学に訪れた受験生が「絶対早実に行きたい！」となるのも頷けるだけの充実した教育環境が用意されているのだ。

早稲田大学に進学するのが当然といった雰囲気であるため、授業は「大学入試対策」といったものは行われない。各科目バランスよく基礎学力を身に付けられるよう配慮されたカリキュラムになっていて、深く掘り下げた授業を展開することで、生徒たちの研究心や創造性を育もうという試みが行われている。最近では、ICT教育を積極的に導入しているのも特徴的である。また、全学年で成績不振者を対象とした補習が組まれていて、じっくりゆっくりと生徒たちが学力を伸長させる取り組みが実践されている。

以上、ここまで早慶の付属校を見てきたが、その他の大学の付属校にも目を向けてみよう。

伝統に甘えず新たな試みを行う「青山学院」

渋谷区渋谷。「渋谷駅」より徒歩約一〇分、「表参道駅」より徒歩約五分という抜群の立地を誇るのは共学校の**青山学院**である。

初等部、中等部、高等部、大学、大学院がこの青山キャンパスにある「総合学園」ともなっている。

幼稚園から大学に至るまで、キリスト教信仰（プロテスタント）に基づいた教育を実践。明治初期に創立された「女子小学校」「耕教学舎」「美會《びかい》神学校」の三校を起源としていて、**日本のプロテスタント系の学校の中では一番古い歴史を持っている。**

いまでも礼拝は毎日行われ、授業では聖書を学ぶ時間が設けられているほか、クリスマスをはじめとした宗教行事がいくつも行われている。その中でも生徒たちが盛り上がるのは、クリスマスの四週前の金曜日夜に実施される「クリスマスツリー点火祭」だ。これはクリスマスに備えてキャンパス内にあるヒマラヤ杉をライトアップするという恒例行事。当日はこの木を囲んで参加者全員が聖歌隊、ハンドベル・クワイア、ブラスバンドの演奏とともにクリスマスキャロルを歌いあげる。
このような行事、また、場所柄もあってか青山学院はとてもおしゃれなイメージを抱かせる学校であり、この点はほとんどの人が同意するだろう。

実際、学校所定のスクールセーターやベストを着こなして渋谷の街を闊歩する青山学院の男女は垢抜けた雰囲気を持つ子が多い。

系列の青山学院大学には二〇一八年度は卒業生数四〇五名中、三一九名が進学した。その率は約七九%である。**近年は他大学に進学する生徒も増えていて、東京大学に二名、早慶に三四名をはじめ、多数の合格者を輩出している。**

ただし、青山学院は「確実な基礎学習」「思考能力の修得」に力点を置いたゆったりとした学習カリキュラムとなっていて、他大学進学を視野に入れた入試対策などは積極的に行っていない。他大学に進学した卒業生によると、他大受験を志すには「学内の自由な雰囲気に流されない意志の強さ」と「早期からの大学受験予備校への通塾」が必要になるという。

この青山学院、高等部では六年半に及んだ新校舎建築が二〇一四年八月に竣工し、その綺麗で快適な学習空間がさらにその人気を押し上げている。キャンパスの中心に、憩いの場として風と光と緑を取り入れたウッドデッキの中庭を設置し、とても明るい空間を演出。学年ごとが一フロアに配置され、ホームルームと学年指導を重視した教育環境が構築されている。講堂・メディア棟、体育館も一新。自学自習に取り組めるカフェテリアも備えられている。

中等部ではいま、新校舎を建築している最中である。二〇一九年九月を竣工予定としている。教室棟、礼拝堂、図書館、テニスコートなどが新しくなる。教室棟では「教科センター型教育」が実施される。教科ごとにフロア、専用教室が作られていて、生徒たちはその教科を受けるために教室を移動するというスタイルをとる。自ら授業を受けに行くことで、主体的に学習するという意識を高めようという狙いがある。

伝統校の青山学院とはいえ、その伝統に甘んじるのではなく、新たな試みに着手しようとしているのである。

実は庶民派？意外な伝統的付属校「学習院」

続いて、伝統的な付属校である男子校・**学習院**を見ていこう。

学習院中等科・高等科は豊島区目白にある。ＪＲ「目白駅」から徒歩約五分という抜群の立地である。お隣には学習院大学のキャンパスが広がっていて、都会とは思えない緑豊かな教育環境になっている。ちなみに、この学習院の目白キャンパスには豊島区の三分の一の樹木があると言われている。

なお、女子校である学習院女子中等科・高等科は新宿区戸山にあり、付属の初等科（小学校）は新宿区若葉にある。また、目白キャンパスの中には付属の幼稚園がある。

学習院の起源は一八四七年に孝明天皇によって開かれた公家の学習所である。その後、東京遷都のため一時閉校状態にあったが、一八七七年に明治天皇の命により、華族の子弟のための学校として再スタート、東京神田錦町に校舎が設けられた。皇族の多くが学習院で学んだのもこのような歴史的背景があるからだ。

ちなみに、通学鞄としてのランドセルの利用は学習院初等科が起源とされている。ランドセルが世間に広まったのは、当時皇太子だった大正天皇の学習院初等科入学の際に、伊藤博文が祝い品として軍の将校にならったランドセルを献上し、それがきっかけで世間に徐々に浸透していったとか。

一九〇八年には現在地に校舎を移転。そして、戦後の一九四七年には宮内省の管轄から離れ、私立の学校法人学習院として新たに発足し、一九四九年には大学を創設した。

何だか育ちの良いご家庭のご子息限定で、堅そうなイメージを持ってしまう学習院ではあるが、そうではない。

学校関係者が言うには、敷居が高い学校と思われるが、特に中学校からの入学者はサラリーマン家庭の子がほとんどらしい。

学習院大学への進学率は意外と低く、五〇％弱である（今春は卒業生一九七名のうち九五名が学習院大学に推薦入学）。

これは学習院大学に上がりたくても上がれない生徒が半数いるわけではない。実際、学習院大学への推薦資格を得られる生徒は全体の九七～九八％程度だが、その半数程度はもともと外部の大学を希望しているからである。近年は学校の留学プログラムを利用した生徒たちが海外大学に進学するケースが増えているとか。

二〇一八年の他大学への合格実績は東京大学二名、早慶四一名など（過年度生を含む）。

学校側は内部進学を進めるようなことは一切せず、高校二年生以降は多くの授業が選択制となるため、生徒の希望進路によってそれらを組み合わせることができる。一方、大学入試の過去問演習などは行っていないため、他大学受験を志す生徒たちの大半は塾や予備校に通っているらしい。

学内はのんびりとした自由な雰囲気に満ちている。各科目まんべんなく基礎から丁寧に指導することを学校側は心がけている。高校二年以降になると学習院大学教員の出張授業があったり、高校三年では学習院大学の講義を体験したりすることができるという。蔵書一一万冊を誇る図書館があり、アカデミックにとことん学べる環境が用意されている。

また、部活動も活発で、特に運動部にとっては恵まれた環境がある。校舎を取り囲むように人工芝のグラウンド、土のグラウンド、野球場、テニスコート、中等科用の体育館、高等科用の体育館、屋内プールなどがある。珍しい部活動として挙げられるのは馬術部。学内に専用の馬場が設けられているのだ。

付属校を選ぶときに注意したいこと

メリットばかりではない？

そのほか、伝統的な大学付属校として代表的存在といえるのは、男子校では**立教池袋**、**明治大学中野**あたりだろう。女子校では**立教女学院**、先述した**学習院女子**などが挙げられる。

冒頭で申し上げたが、私立大学各校が難化し、そして、大学入試改革が混沌としているいま、これらの大学付属校に人気が集中している。

ここまでは大学付属校のメリットばかりを取り上げてきたが、大学付属校ならではのデメリットを付言したい。

中学受験生、すなわち、小学校六年生のうちに「将来進む大学」を決めてしまってよいのかということである。

たとえば、青山学院に進学した生徒が、高校生になってから何かをきっかけにして「医者になりたい」と言い始めたらどうだろうか。

青山学院大学に医学部はないのである。

そうなると、塾・予備校に急遽通い、医学部進学のための対策を講じなければならない。

しかし、**進学校とは違い、付属校の大半は学校の授業で「先取り授業」など行っていない。**つまり、医学部を目指す進学校に属しているライバルたちに遅れを取った状態で、大学受験勉強に取りかからねばならないのである。

そんなことを考えたときに、中堅どころではあるが、日本大学、東海大学といった総合大学（多岐にわたる学部を有している大学）の付属校はこれまた魅力があるのではないだろうか。

いずれにせよ、冒頭で挙げた「消極的」な理由だけで大学付属校をわが子に選択させるのはリスクを伴う。

このことを頭に入れて、わが子にとって「より良い」学校探しをしてほしいと思う。その結果として、伝統的な付属校に魅力を抱いたのであれば自信を持ってわが子に薦めるべきだと私は考えている。

新たな教育手法を取り入れて人気を集める「新・大学付属校」

大学付属校というと伝統的な学校がほとんどだと思われやすい。しかしながら、最近はその大学自体は長い歴史を有してはいるものの、新しい型を持ったタイプの大学付属校がいくつも誕生している。それらの学校を紹介していこう。

二十一世紀に入って教育内容に新しい風が入ってきた。たとえば、海外での活躍を見据えたグローバル教育、デジタルガジェットを駆使して学びを深めるＩＣＴ教育、生徒たちの思考力や判断力を身に付けさせるための双方向型授業であるアクティブラーニングなど。

これらの新たな教育手法を大胆に取り入れて近年人気を博した学校を本書では**「新・大学付属校」**として取り上げたい。

さて、この「新・大学付属校」の先駆けとなった大学付属校が神奈川県にあることをご存知だろうか。

新・大学付属校の先駆け的存在「慶應義塾湘南藤沢中等部・高等部」

一九九〇年、慶應義塾大学が全国の各大学より早くに二十一世紀の高度情報化社会、グローバル社会に対応できる人材育成を目的として、既存の学部の概念を超えた総合政策学部と環境情報学部という二つの学部を新設した。しかも、日吉キャンパスや三田キャンパスではない。

そこは神奈川県藤沢市の北部丘陵地帯。

ここを**「湘南藤沢キャンパス」**と名付けた。在校生や卒業生、学校関係者はこの湘南藤沢キャンパスの頭文字をとって**「SFC」**と呼んでいる（なお、二〇〇一年にはこの地に看護医療学部が開設された）。

この湘南藤沢キャンパスの敷地内に一九九二年、慶應義塾の付属の中学校と高校が開校した。

慶應義塾湘南藤沢である。

この学校には小田急江ノ島線・相模鉄道いずみ野線・横浜市営地下鉄ブルーライン「湘南台駅」、もしくはJR「辻堂駅」からバスに揺られて行くことになる。『慶応中高等部前』のバス停で降りると、近隣の養豚場からプーンと臭いが漂ってくる。在校生に言わせると、臭いに違和感を抱くのは入学した当初だけで、すぐに慣れるとか。

いずれにせよ、牧歌的な風景が広がっているのだ。その中に忽然と姿を現す近未来的な校舎は迫力がある。

開校当初は中等部、高等部双方で一般入試を行っていたが、今は中等部のみ。なお、高等部では「全国枠」（一都三県以外に住む受験生）、「帰国枠」での入試のみとなっている。

慶應湘南藤沢中等部を卒業した生徒はそのまま高等部へと進学する。つまり、慶應義塾高校や慶應義塾女子高校、慶應義塾志木高校といった他の一貫高校には進学できない。が、高等部卒業後は湘南藤沢キャンパスに設けられた慶應義塾大学の学部のみならず、あらゆる学部への推薦制度が整っている。

ほぼ全員が慶應義塾大学に進学するが、今春の進路状況を学部別に見ると卒業生二三二名のうち総合政策学部には一四名、環境情報学部には一七名とそのまま湘南藤沢キャンパスに留まる生徒は存外に少ない。一番多いのは六一名の経済学部。難関の医学部に七名進学しているのも特筆すべきことだろう。

さて、この**慶應義塾湘南藤沢の特徴でまず挙げられるのは、英語教育とICT教育が充実しているという点である。**

中等部の入試より帰国生を多く受け入れているため、英語教育は自然と実践的でハイレベルな内容になっている。

慶應義塾湘南藤沢は制服もないし、規律も厳しくはない。かなり自由な校風である。だからこそ、帰国生たちもすんなりとなじめる学校である。また、交換留学制度を導入していて、しばらく海外に滞在し、そこで学ぶ生徒も多いとか。

先述したが、高等部からは日本各地から生徒が集まってきて、そこで新たな価値観を醸成できる仕組みになっている。

私が以前、高校受験の指導をしていたとき、慶應湘南藤沢に二人の男の子が入学した。彼らはともに青森県の出身であり、中学校三年生のときは一年間深夜バスを用いて土曜日・日曜日に東京の進学塾でコツコツと勉学に励んでいた優秀な生徒だった。このような日本に点在する優秀層を集めるという試みは、内部進学の生徒たちにとっても良い意味で刺激になるにちがいない。

そして、ＩＣＴ教育も充実していて、中等部の授業から積極的にＩＣＴが活用されている。現在はパソコン・タブレット端末合計約六〇〇台という、充実した情報教育環境が用意されている。「世の中を良くする大きな仕事をする人材を送り出したい」という学校側の考えのもと、プログラミングのスキルのみならず、幅広い情報収集能力の手法を伝えている。

情報教育の授業の中ではＷｅｂアプリケーションを制作させたり、動画編集やＤＴＰ作品制作なども行ったりしている。

授業は色々な生徒の意見が活発に飛び交う雰囲気づくりが行われ、グループ学習やプレゼンテーションなどが多くの教科で取り入れられ、コミュニケーション能力の涵養にも力を入れている。

そして、二〇一三年には神奈川県横浜市青葉区あざみ野南（最寄り駅は東急田園都市線「江田駅」）にこの湘南藤沢直系の「慶應義塾横浜初等部」が開校した。

「慶應であって慶應ではない雰囲気」とある在校生は語る。後者の「慶應」は慶應義塾中等部を指しているのだろう。確かに、慶應湘南藤沢は慶應義塾大学から独立したような教育を行っているようなイメージがある。

新・大学付属校を牽引する慶應湘南藤沢。これからの時代の変化にどうその教育の形を変えていくのか目が離せない。

早稲田初の大学直系付属校「早稲田大学高等学院中学部」

慶應義塾湘南藤沢が「新・大学付属校」の源流とするならば、こちらは本流の中学校がやっと開校したのかと感慨深く感じる。

二〇一〇年に開校したのは**早稲田大学高等学院中学部**である。

この章の前半で述べたが、これまでは早稲田大学直系の付属中学校はなく、系列校として早稲田、早稲田実業学校の二校が存在するのみであった。

なお、直属の高校としては早稲田大学高等学院、早稲田大学本庄高等学院の二校がある。

それがここにきてようやく早稲田大学高等学院直系、つまり大学直属の中学校ができたわけである。

早稲田大学高等学院中学部があるのは練馬区上石神井。西武新宿線「上石神井駅」から北に歩いて約八分のところに位置する。その敷地面積は約六万平方メートルあり、緑豊かなキャンパスにはコンクリート打ち放しの学び舎が並んでいる。

「学問の独立」「進取の精神」といった早稲田大学の建学の理念に基づく一貫教育により、健やかな精神、高い知性、豊かな感性を育むことを教育目標として掲げている。

中学部は一クラス三〇名という少人数で編成され、教員が生徒たち一人ひとりに目配りできる教育環境となっている。

ほぼ全員が中高生活を経て、早稲田大学に推薦入学するため、授業はゆったりと進みながら、かなりマニアックな内容にまで掘り下げて行われる。

それもそのはずで、教員の中には早稲田大学をはじめとする大学の研究者や兼任講師が含まれている。早い段階で専門的な指導が受けられるのである。

高等学院に進むと、さらに大学を身近に感じることができる授業、たとえば、理工系の学部や政経学部などの教授が定期的に行う授業があるらしい。

また、語学教育が充実しているのも特徴的だろう。中学部の生徒は三年生になってから第二外国語としてドイツ語・フランス語・ロシア語・中国語を三ヵ月ずつ学んでいき、その経験に基づいて、高等学院での第二外国語をどれにするか選択することになる。この試みが評価されてか、二〇一四年からは文部科学省により高等学院はスーパーグローバルハイスクールに指定されている（ほかにも、高等学院はスーパーサイエンスハイスクールにも指定されている）。

校風は付属校らしくとても自由。中学部は制服があるが、高等学院は制服でも私服でも構わないというスタンスをとっている。

部活動は基本的に中学部と高等学院の生徒は別々に行っている。広大な敷地内にはさまざまな運動施設がある。センターグラウンド、西グラウンド、北グラウンド、体育館に加え、硬式・軟式テニスコート、弓道場、アーチェリー練習場、ゴルフ練習場もある。全国レベルの実力を誇るクラブも多い。

大学受験勉強に一切とらわれることなく、生徒たちがのびのびと自らの興味関心のままにとことん打ち込める環境が早稲田大学高等学院中学部にはある。

共学化で人気沸騰中！付属校だがとことん学ばせる「明治大学付属明治」

新しい形、共学化により人気沸騰中の付属校を取り上げよう。

東京都調布市。京王線「調布駅」もしくは「飛田給駅」からスクールバスに乗る。近隣には神代植物公園や味の素スタジアム（東京スタジアム）がある。

二〇〇八年よりこの地に移転。それまでは男子校であったが、この移転を機に男女共学化した**明治大学付属明治（東京都調布市）**である。

この学校の起源は一九一二年、明治大学が同一法人のもとに直接経営する唯一の付属校として明治中学校が神田駿河台の明治大学構内に開校したことにある。

一九二二年からはすぐ近くの猿楽町に新校舎を建設し、移転した。

現在も明治大学直系はこの明治大学付属明治だけである。他にも、男子校の明治大学付属中野、共学校の明治大学付属中野八王子があるが、経営母体は明治大学ではない。

明治大学付属明治は移転、共学化とともにその教育内容の変更に着手した。

それまではいかにも大学付属校の男子校らしく、のんびりとした雰囲気のある学校だったという。もともと真面目な男子が集っていることもあり、定期試験でよほど悪い得点を取らなければ、だいたいは希望する明治大学の学部への切符を手に入れることができたのがその要因だろう。

しかし、**共学化してからの明治大学付属明治は「付属校とはいえしっかり勉強させる」ことを公言している。**

実際、中学から高校に上がるために、明確な基準（定期試験の得点や英検グレードなど）を設けたり、大学で希望の学部に推薦入学したりするためにはこれまた学校側が定めた基準をクリアしなければならない。

だからこそ、日々の学習には手を抜くことができない。共学らしい明るく開放的な生徒たちが大勢集まっている学校ではあるが、そこに安住することのないピリッとした雰囲気が学内に漂っている。

結果として毎年九割以上の生徒がそのまま明治大学に進むのだが、近年は明治大学の推薦権を保持しながら、国公立大学や明治大学にない学部を持つ私立大学の受験を認めている。実際、二〇一八年は二四名の生徒が他大に進学している。

学校側は生徒たちの将来のキャリアを見据えた「四つの力」を育てることを目標にしている。

これは、いま何が問われているのかを考える**「洞察力」**、自分を高めるために資格を取得する**「実践力」**、基本的なマナー・ルールを大切にする**「社会力」**、困難を乗り越える**「精神力」**ということを指している。

それぞれの力を中高生活の中で鍛えていくために、習熟度別授業を導入したり、週二回補習授業を行ったり、夏期講習会を行ったりと実にきめ細かに指導をしている。生徒たちには「目先の具体的目標」を常に立てさせていて、英検やTOEIC、漢検、法学検定、数学検定、校内漢字検定、校内計算検定などにチャレンジする体制を構築している。

高大連携も充実している。明治大学と連携し、資格の取得、英語力の向上に努めるための集中講座が実施されており、明治大学の校舎で行われる講座もあるとか。

また、林間学校や移動教室、修学旅行など仲間との輪を大切にする行事は大いに盛り上がる。中には「東京六大学野球応援」なんていうものも。明治大学への帰属意識を高める狙いがあるのだろうか。学内での各種発表会や部活動なども活発に行われている。

「付属だけれど、とことん学ばせる学校」。

明治大学付属明治はこのような新しい型の付属校として、中学入試では難関校の一角に躍り出ている。

そのほか、新しい型を持った大学付属校としては、二〇一〇年より中学校を設立した共学校の**中央大学附属**、二〇一六年より男子校から共学化した**法政大学第二**などが挙げられるだろう。高校募集のみの学校ではあるが、法政大学女子は二〇一八年より**法政大学国際**に改称し、男女共学化に踏み切った。

これらを見ると、**最近のトレンドは共学化にあるようだ。**しかしながら、ただ共学化すれば人気を博すというわけではない。そして、大学の付属であるというだけでは、これから学校として存続できるかどうか定かではない。

その教育内容を学校側がどう変えていくか、生徒たち一人ひとりを中高大の一〇年間にわたってどう育てていきたいと考えているのか。学校側の教育姿勢に注目して志望校を決めていくべきだろう。

4章

ブランド校
VS.
ニューウェーブ校

名家の子女が集まっている？「ブランド校」とは何か

「名家の子女の集う学校」……などと言うと、古臭い言い回しに感じられる人がいるかもしれない。実際、相続税の負担などが一因となり、とりわけ都心においては古くからの「名家」など今の時代はほとんど残っていない。

それでも、東京の私立中高の中にはその名を聞くと、「お坊ちゃん、お嬢様が通う学校」「育ちが良さそうな子どもたちが集う学校」「ちょっと近寄りがたく感じるくらい厳かな雰囲気を醸している学校」というのが確かに存在する。

このような学校をここでは**「ブランド校」**と呼ぶことにしよう。

本書の執筆にあたり、事前にこれらブランド校を考えられる限り書き出してみたところ、これらの学校に共通する特徴を見出すことができた。

一つは、立地的に都心や高級住宅街に位置している場合が多いということ。

二つ目は付属の小学校を有していること。

三つ目は比較的のんびりとした校風を持つこと。

それでは、このブランド校を代表する学校をいくつか紹介してみたい。

進学校としても一流の実績。幼稚園から一貫の男子校「暁星」

場所は千代田区富士見。皇居のすぐ近くに存在するカトリック系の男子校がある。その歴史は古く、一八八八年、フランスに本拠地を置くカトリック修道会であるマリア会によって創立された。

暁星である。

この学校は**中高のみならず、幼稚園と小学校が隣接し、幼小中高一貫教育を実践している。なお、高校からの募集は一切行っていない。**

厳格な教育を施すカトリック系の学校だからだろうか。暁星と聞くと、「礼儀正しい、品の良いお坊ちゃんの通う学校」というイメージを抱くことができる。

暁星の制服はかなり特徴的だ。遠目に見てもそれとすぐに判別できる。七つの金ボタンの詰め襟の制服である（詰め襟は五つボタンが標準）。

そして、**その教育内容を語る上で欠かせないのは、フランス語の授業が行われている点である。**先述したようにフランスを起源とする男子校だからだ。英語と併せて、語学教育には相当力を入れている。

このフランス語の学習はかなり本格的に行われている。**なんと小学校一年生から生徒全員がフランス語を学び始めるという。**また、中学校からは英語とフランス語の両科目が必修となり、どちらかを「第一外国語」として選択させるのだ。このような試みを行っているがゆえに、中には大学受験をフランス語で挑む生徒もいるらしい。

このフランス語教育は暁星の「伝統芸」である。外国語教育の重要性を感じていた英文学者、文豪の夏目漱石は「あの学校は外国語教育に力を入れているし、何より品のいい子が多い」という理由で、息子たちを小学校から暁星に通わせたという。

暁星の教育方針をＷｅｂサイトでチェックしてみると、その要点が三つ記載されている。

①本校に学ぶ者は、常に高潔なる精神を堅持し、誠実勤勉でなければならない。
②真理を探求し、正しい人生観を育成し、常に永遠なるものに想をいたすものでなければならない。
③伝統を重んじ、校風を愛し、平和と秩序の内に心身を鍛練して、学校生活を豊かにし、かつこれを楽しむものでなければならない。

これを見ると、何だか管理型の厳しい教育が実践されているように感じる。しかし、そのような印象を抱くのは早計である。

暁星の学校の雰囲気を卒業生に尋ねた。

「先生たちは自主性を尊重してくれますね。学校はのびのびとした明るい雰囲気でしたよ」

暁星の教員たちはあくまでもサポート役に徹し、子どもたちの成長を辛抱強く見守ることを大切にしているという。生徒たちと教員たちの距離は近く、互いに強い信頼関係が構築されている。廊下で教員と談笑する生徒の姿が日常的に見られるとか。家族的な雰囲気がそこにある。

部活動も盛んだ。**サッカーは暁星の「校技」と定められ、小学校から週に一回サッカーの時間が設けられ、学期ごとにサッカー大会が開催される。**かつては、高校のサッカー部は全国サッカー選手権の常連校でもあった。現在でも、中学のサッカー部は全国レベルである。ほかにも、競技かるた部は全国で約三〇〇校が参加する「全国高等学校小倉百人一首かるた選手権大会」で二〇〇八年から二〇一六年まで何と九連覇を達成している。

この暁星、大学合格実績はどうだろうか。

今春、二〇一八年度は東京大学に九名（うち現役合格者数は七名）、早慶に九一名（うち現役合格者数は五六名）であった。卒業生数が一六四名と比較的小ぢんまりとした学校であることを考えると、**暁星は進学校としても一流であることがわかる。**

そして特筆すべきは医学部に多くの合格者を輩出している点だ。医学部合格者総数は八三名（うち現役合格者数は四二名）である。これは医師の子が多く暁星に通っていることが大きく関係しているのだろう。このことも暁星が「お坊ちゃん学校」と見られる理由の一つかもしれない。

とにかく自由な校風。最近は新たに進学校としての顔も「成城学園」

世田谷区屈指の高級住宅街、成城のシンボルといえば、それは**成城学園**である。最寄り駅の名からして「成城学園前駅」（小田急線）である。

場所柄だけではない。政治家、芸術家、芸能人、アナウンサーなど著名な卒業生を

数多く輩出していたり、その子女が通う学校であったりと、共学のブランド校として

その地位を確立している。広々としたキャンパスは幼稚園から大学まで有している。

成城学園の前身は一九一七年に男子校の成城学校（現在の成城中学校・高等学校）の新宿区の敷地内に創立された成城尋常小学校である（場所は新宿区の牛込である）。日本教育界の重鎮、澤柳政太郎氏が初等教育に欧米風の自由主義教育を導入しようというぃわば実験校的な色合いを持つ学校であった。その後、一貫教育を望む生徒保護者の要請に応え、当時の小学校主事・小原國芳氏（のちの玉川学園創立者）が成城第二中学校を開設。そして、牛込の成城学校とは経営分離する形で、当時の東京府下砧村にこの二つの学校を移転した。

小原氏はこのとき小田急電鉄と交渉し、駅名に学校の名を冠すること、急行を停車させることの約束を取り付け、周囲の土地を住宅地として区画、販売して、その利益を学校資金に充てるという戦略を採り、成功を収めた。今日の高級住宅街である成城学園前の街並みはこの小原氏の学園都市構想が具現化されたものなのだ。

成城学園の校舎に足を踏み入れると驚かされることがある。とにかく自由な雰囲気なのである。

外を満面の笑みで走り回っている中学生がいたり、校舎内の廊下では男女のカップルが手を繋いで歩いていたり……。そして、教員に対しては「〇〇ちゃんさー」などとあたかも友だちであるかのように生徒たちは話しかけている。

実際、成城学園にはいくつかの校則はあっても、それらは有名無実化している。制服があるのは中学・高校の男子のみであり、女子の服装は特に定められてはいない。男女ともに夏は半袖シャツやポロシャツ、冬はセーターやパーカの着用が認められていることもあり、全体的にファッショナブルで垢抜けた雰囲気の生徒たちが多い。

なぜ、このような自由な校風が生まれたのだろうか。それは成城学園の礎を築いた小原國芳氏が大正デモクラシー期の教育改革運動である大正自由教育運動の担い手であったことに因るものだろう。小原氏は「全人教育」という自らの造語を用いて、学問のみならず、道徳、芸術、宗教、身体、生活のそれぞれの面においてバランスの取れた人格を育むことの重要性を訴えた。

小原氏はのちに玉川学園を創立するが、その創立時の機関誌に寄せた言葉を見ると、彼の教育観がよくわかる。そして、その教育観がいまの成城学園に引き継がれていることが納得できる。

「地位だ、勲章だ、月給だ、評判だ、肩書きだ、さらに卒業証書だ、メダルだ、カップだ、優勝旗だと人間が欲しがる気持ちはわかる。しかし、それらが何だ！　それは全く形骸じゃないか。影じゃないか。（中略）私はバカが欲しい。大馬鹿が。喜んで馬鹿になろうよ！　この世の宝よりも、天国に宝を積め！」

「天国に宝を積む」とは聖書からの引用であろう。地位や名誉、金銭に操られず、自らが熱中できる宝を人生の中で見出していこうという思いが込められている。

成城学園はその教育のミッションとして「自学自習」と「自治自律」を掲げている。

生徒たち一人ひとりの内なる個性を磨くことを重要視している。その一例として挙げられるのは高校二年生、三年生の選択科目である「自由研究」だ。英語、フランス語、ドイツ語、韓国語それぞれの会話、ライフセービングや柔道、ギター、ペン習字、デザイン学、立体とデッサン、茶道、日本学、映画、簿記など実に多岐にわたる講座が設けられている。そのどれもが少人数制講座であり、教員との距離も近く、生徒一人ひとりが積極的に学びを楽しむことができる。

また、以前は修学旅行の行き先はクラス単位で決定したが、いまは修学旅行自体行われていない。その代わりに、教員企画の「課外教室」が夏休みに実施され、クラスや学年、先生と生徒の垣根をとりはらい、寝食を共にする。今年度実施されたものだけでも実に一六もの企画から選べるのだ。いかにも成城学園らしい試みといってよいだろう。

成城大学があるため、もともとは大学受験を目標にした対策などはほとんど行っていなかった。いまから十数年前までは成城大学に卒業生の約七〇%が推薦され、進学していたのだ。

しかしながら、昨今は事情が少し変わってきた。今春二〇一八年度は卒業生の二七一名のうち成城大学へ推薦、進学したのは一三六名であった（なお、成城大学の推薦資格を保持したまま他大学を受験することが可能）。

現在、成城学園は高校二年時以降、三つのコースに分けて指導を行っている。成城大学推薦を志願する生徒中心のAコース、他大学の文系学部の受験を目指すBコース、他大学の理系学部の受験を目指す理数コースである。

二〇一八年度は早慶上智に三九名（全員現役合格）など難関大学に多くの合格者を輩出している。さらに、昨今は医歯薬系の学部への進学者も増えているとか。

自由闊達な校風はそのままに、新たに「進学校」というカラーを見せ始めた成城学

園のブランドはこれから先も揺らぐことはないだろう。

英語の授業は大学よりもハイレベル!? 親子五代で通いたい「東洋英和女学院」

東洋英和女学院は東京メトロ日比谷線・都営大江戸線「六本木駅」、もしくは都営大江戸線・東京メトロ南北線「麻布十番駅」から徒歩数分の距離に位置する。

六本木通りと外苑東通りが交差する「六本木交差点」にある喫茶店『アマンド』の左脇から始まるゆるやかな坂道（芋洗坂）を下っていく途中、左手に東洋英和女学院がある。六本木というと騒々しい街であるように感じてしまうが、この付近は大使館や低層マンションが目立つ。また、数多くの植樹があることで、とても明るく開放的だ。のんびりとした空気すら流れているエリアである。

東洋英和女学院は一八八四年、カナダ・メソジスト教会の宣教師ミス・カートメルにより創設されたプロテスタント系のミッション校である。

当初は「華族御用達の女子校」として知られていた。明治時代、近隣には華族邸が建ち並んでいたことも関係しているのだろう。

このような背景があり、**東洋英和女学院は「良家のお嬢様」が集う学び舎としてその地位を確立したのだ。**

なお、NHKの連続テレビ小説「花子とアン」のモデルとなった翻訳家の村岡花子は東洋英和女学院出身であり、同校で英語教育を受けたことはよく知られている。

同校の六本木のキャンパスには、幼稚園、小学部、中学部、高等部がある。また、横浜に四年制大学ならびに大学院のキャンパスがある。東洋英和女学院は幼稚園から大学院までが揃う一大総合学園でもあるのだ（幼稚園のみ男女共学である）。

同校の母娘や姉妹での入学の率はかなり高い。学校関係者から聞いた話によると、実に「五代」にわたって東洋英和に通った家系もあるそうだ。

東洋英和女学院に在学している高校一年生は証言する。

「確かに母親も東洋英和出身だという子は多いです。うちのクラスは三七名なのですが、おそらく一〇名程度が母娘揃って東洋英和ですねえ」

さて、**東洋英和女学院は伝統的に英語教育に力点を置いている。**創立当初より国際性の涵養を掲げてきたことが大きいのだろう。「世界で通用する英語能力の育成」を目標に、国際的なコミュニケーションの場で自身の意見、主張を英語で発信できるレベルにまで高めていきたいと、ネイティブによる英会話授業はもちろんのこと、英語運用能力を磨くためのスピーチの発表会などを中学校では行っている。高校になると、三段階のグレード別に英語授業が実施され、文学作品の原書に取り組んだり、エッセイライティングを導入したり、ディスカッションやプレゼンテーションなどを試みたりと高度で充実した教育内容となっている。

慶應義塾大学に進学した卒業生は東洋英和女学院の英語教育をこう振り返る。

「東洋英和の英語の授業レベルは本当に高い！一橋大学や早稲田大学などに進学した友だちも異口同音に『大学の英語授業より東洋英和のほうが難しい』という感想を持つほどです。私もそう思います。ネイティブの先生の会話のスピードは凄まじく、相当鍛えられました」

東洋英和女学院は前述のようにミッションスクールである。建学の精神は「敬神奉仕」であり、学校側は「他者のために自分を生かすことのできる女性」を育てていきたいという思いを持っている。一例として「ディアコニア」という奉仕活動を放課後やホームルームの時間に行っている。また、有志が参加する「ＹＷＣＡ（キリスト教女子青年会）」が積極的に活動していて、養護施設や老人ホームを訪問したり、手話や点字の学習を行ったりしている。

とはいえ、**学校の校風は厳格なものではない。むしろ、校則は比較的ゆるいものであり、生徒たちはのびのびと学校生活を謳歌している。**それでも、品良く立ち振る舞いのできる生徒たちばかりなのは、彼女たちが「東洋英和」というブランドにプライドを持ち、それを汚すようなことはあってはならないという思いを抱いているからなのだろう。

クラブ活動が活発なのも同校の特徴で、文化系クラブは二四、体育会系クラブは七あるが、中高生は全員いずれかに属している。体育祭や文化祭も毎年大いに盛り上がるとか。

女子校ではありがちだが、クラブ活動における上級生、下級生の「上下関係」は割と厳しいらしい。硬式テニス部に所属していたという卒業生はクラブ活動の上級生と同級生との関係性をこう表現した。

「先輩後輩の上下関係は厳しいですよ。でも、そのおかげできちんとした礼儀を身につけることができました。そして、同級生たちは『言いたいことを何でも言い合える』人たち。もうお互い遠慮なしに本音をぶつけ合うんです。だからでしょうか、ここで『一生の仲間たち』を見つけられたと思います」

さて、**東洋英和女学院は進学校としてもよく知られている。**近年は併設大学への進学率は低く、今春は卒業生一七六名のうち東洋英和女学院大学へ進学したのはたったの一一名。一流大学に多くの生徒たちが合格していて、たとえば、早慶上智の合格者数は六一名（うち現役合格者数五四名）であった。

同校は「進路学習」という名のキャリア教育にも力を入れている。社会人の卒業生を招いてのキャリアガイダンス、職場訪問、大学教授を招聘しての講演会、複数回行われる大学ガイダンス、進路ガイダンスなど……。

このような環境を整えているのは、「他者のために自分を活かす」にはどんな道がよいのかを生徒一人ひとりにじっくりと考えさせていきたいという学校の願いがあるからなのだろう。

現在高校一年生のある生徒は二〇一八年十一月に行われたキャリアガイダンスに感銘を受けたという。

「今回は社会人の卒業生が来てくださったんです。一人はディズニーの関係者で、もう一人は獣医の方。人生について深く考えさせられましたね。進路選択の心構えについても説いてもらいました。あと、女性だからといって遠慮することはない。目一杯仕事に打ち込んでいまを楽しむのも素敵な生き方であることを学びました」

革新を続ける渋谷の白鳥たち「東京女学館」

ブランド校の最後に**東京女学館**を取り上げたい。

都心を代表する高級住宅地、渋谷区広尾に東京女学館はある。東京メトロ日比谷線「広尾駅」より歩くこと約一二分。高級ビンテージマンションとして名高い「広尾ガーデンヒルズ」を抜けていく。この地はもともと多くの武家屋敷が並んでいて、その広大な敷地跡を利用してさまざまな国の大使館が造られた。そのせいか、広尾は行き交う人々はもちろんのこと、雑貨屋に至るまで国際色豊かな街になっている。

駅からの距離がややあるように思えるかもしれない。しかし、東京女学館の生徒たちの多くは都営バスを利用している。ＪＲ渋谷駅から約一〇分、ＪＲ恵比寿駅からは約八分という短時間でバス停「東京女学館前」に到着する。名の通り、停留所は学校の目の前にある。

東京女学館のキャンパスは閑静な街並みの中に溶け込んでいる。このキャンパスには小学校、中学校、高校が隣接している。かつては東京都町田市に大学を有していたが、内部進学する生徒はほとんどおらず、結果として二〇一七年をもって閉学した。

さて、古くから渋谷の街を制服姿で闊歩する東京女学館の生徒たちは男女問わず憧れの的であった。白を基調としたセーラー服をいち早く導入した学校であり、オフホワイトのジャケットにシルクリボン。「渋谷の白鳥」などと形容された時代もあった。

東京女学館が人気を博したのはいまに始まった話ではない。学校の歴史は大変古く、一三〇年を迎える歴史と伝統を誇っている。卒業生の数は実に一万八〇〇〇名を超えるという。

一八八八年、女子高等教育の推進を目的として「女子教育奨励会創立委員会」によって東京女学館は創立された。創立委員長はなんと初代内閣総理大臣の伊藤博文であった。創立委員には錚々たる顔ぶれが揃っていて、実業家の澁澤栄一、岩崎彌之助、皇族、聖公会司教のアレキサンダー・ショー、東京帝国大学総長の外山正一をはじめ、政界、財界、教育界の有力者によって構成されていた。

設立以来、東京女学館は「諸外国の人々と対等に交際できる国際性を備えた、知性豊かな気品ある女性の育成」を目指している。

東京女学館は開校数年で虎ノ門の旧工部大学校生徒館に移転。その地から「虎ノ門女学館」と呼ばれていた当時は名家の令嬢が通う女子校として知られていた。

一九二三年、関東大震災での校舎焼失を機に、いまの広尾へと学び舎を移した。そのわずか七年後の一九三〇年に白のセーラー服を制服に採用した。これは当時の英語教師のトロット女史が「英国では高貴な人間は白を身に着ける」と提案したことを受けて生まれたのだ。**東京女学館の制服は生徒たちの気品を象徴するものとして、長い歴史を背負ったものなのだ。**

東京女学館は設立以来、国際教育に力を入れ続けてきた。実際、一学年六クラスのうち「国際学級」と冠されたクラスが一つあり、帰国生と一般生混合の語学教育に特化した授業が行われている。国際学級の中学校一年生、二年生の担任は日本人教員と英語を母語としている教員の二人体制であり、生徒たちの学習に対してきめ細かに付対応している。

国際学級以外の五クラスだって負けてはいない。グローバル教育には定評があり、五つのコースがある海外研修、国内英語研修、派遣留学制度などが充実している。そして、これらのクラスにおいても教員たちが一人ひとりの生徒に温かな眼差しを向けている。

さて、男子校、女子校、共学校問わず、人間同士の摩擦、たとえば「いじめ」の問題が多かれ少なかれ学内では起こるものだ。

東京女学館の学校説明会に参加すると、「友人同士のトラブル」の実例を挙げて、教員の対応について丁寧に話をしてくれる。生徒の身に由々しき事態が勃発すれば、すぐに教員たちがチームを組んで対処できる環境が構築されているという。その際、一方を悪者に仕立て上げるのではなく、双方の言い分に耳を傾けた上で、親身なアドバイスを行い事態を収拾していく。

これらのトラブルに対して具体的に――しかも、学校説明会という公の場で――言及する学校は極めて少ない。東京女学館の教員たちの生徒対応における自信が窺える。

東京女学館の教育でいま最も力を入れていることは、「高い品性を備えた人と社会に貢献する女性」となるための「インクルーシブ（包括的な）リーダーシップ」の確立である。すなわち、人は周囲の仲間たちと課題を共有することで、問題を解決する能力の醸成こそ大切だと考えている。先のトラブルへの迅速な対応はまさに生徒たちの精神的成長に寄与するとともに、他者との共生を促す役割を持つのだろう。

このインクルーシブリーダーシップを育成する手段の一例として、スタディアジェンダ（実行委員会方式）という生徒による主体的な行事運営がある。記念祭、修学旅行、研修旅行など一つひとつの行事それぞれに実行委員会が組織される。そこで団結した生徒たちはみな行事の成功という目標に向かって切磋琢磨するという。

もちろん、人間関係を深める働きを持つ部活動も盛んに行われている。運動部は九クラブ、文化部は二六クラブが存在し、中学校一年生、二年生は必ずどこかのクラブに属さねばならない。

そして、東京女学館は女子進学校として国公立大学、難関私立大学に多くの合格者を輩出していることも注目に値するだろう。

二〇一八年度は東京大学に一名（現役合格）、一橋大学に三名（全員現役合格）、早慶上智に九一名（うち現役合格者数八三名）という結果であった。

他者を慮る心、そして、世界に目を向けた国際性、そして高い学力。これこそが「知性豊かな気品ある女性」の条件なのだろう。創立以来の精神がいまもなお東京女学館に息づいていることが理解できる。

個性豊かなお嬢様校「聖心女子」「清泉女学院」

全国的に知られているお嬢様学校といえば、港区白金にある**聖心女子学院**である。キャンパスには初等科・中等科・高等科がある。また、渋谷区広尾には聖心女子大学がある。

歴史は古く、一九〇八年にオーストラリアから来日した聖心会修道女によって創立された。

聖心女子学院には良家の子女が多く集まった。皇后美智子様は中等科・高等科・大学で学ばれた。大学出身者には国連難民高等弁務官として活躍した緒方貞子氏がいる。女子アナウンサーを輩出しているのも特徴的だ。

規律を重んじるカトリック系ミッションスクールである聖心女子学院は、初等科から高等科まで毎日神に祈りを捧げる。「神への深い信仰心」、そして「隣人愛」を学校生活の中で培っていった生徒たちは「他者に尽くす」という精神を身に付けていく。

聖心女子大学への進学率は五〇%弱。最近は医歯薬系の学部に進学する生徒が増えている。これは聖心女子学院で学んだ奉仕の精神が関係しているのかもしれない。

なお、二〇一四年に中等科の募集を停止し、小中高一貫教育制に移行した（ただし、少人数ながら帰国生は中等科より受け入れることが可能)。

中学からわが子に聖心の教育を受けさせたいと願うなら、静岡県裾野市にある不二聖心女子学院がある。ここはヨーロッパの伝統的なボーディングスクールに準じた寄宿舎があり、東京や神奈川からも多くの生徒たちが緑豊かな環境の中で学んでいる。「週末帰宅型」という一風変わったシステムであり、全校生徒のおよそ四割が寄宿舎で生活しているという。

最後に、神奈川県を代表する女子のブランド校といえば、鎌倉市にある**清泉女学院**だろう。

一九三四年にローマに本部を置くスペイン系の聖心侍女修道会から三人の修道女が来日し創立したカトリック系のミッション校である。

清泉女学院では創立以来、「自立した女性」を育成するため、哲学や文学、外国語などの教養を学ぶ教育に特化してきた。

この学校の教育の根本には「倫理」があり、生徒たちは自身を愛するのと同様に他者も愛せねばならないという精神を培っていくのだ。

なお、併設の清泉女子大学が品川区東五反田にあるが、例年進学率は五%程度だという。

ブランド校はどのように変化しているのか

少子化の影響で定員割れを起こす学校が十数年前より目立ってきた。そこで割を食うのが女子大学。

併設の女子大学を最大の「ウリ」にしてきたような女子ブランド校はそのレベルを低下させている。

たとえば、かつては名門校だった跡見学園だが、他校と比較すると進学校色を出すのがやや出遅れた。結果として入試の応募者数は激減し、そのレベルを下げてしまった。

また、先ほど登場した聖心女子学院。この学校もかつては難関校の一角に食い込んでいた。しかし、徐々に応募者数が減っていき、六〇台あった偏差値は四〇台後半にまで下がってしまった。おそらくこのような状況が関係しているのだろう。前述したように二〇一四年に中等科の入試を廃止し、小中高一貫教育制に移行したのだ。

一方、昔もいまも大勢のファンがいて、入試では狭き門であるブランド校の多くは、

新たな色、たとえば「進学校色」を出して、結果を出してきたケースが多いように感じる。

成城学園、学習院といった学校がその代表だろう。かつては併設大学に進むのが当然であったが、いまは他大学の受験に寛容であるどころか、その後押しをするような学習カリキュラムを構築しているのだ。

自らのブランドを維持するためには、そのブランドの一部である大学に依存した戦略を採るのではなく、他大学への門戸を示すことが必要と考えたのだろう。

偏差値だけでは計れない！ブランド校にはどんなメリットがあるのか

貧富の格差の再生産と言ってしまえば否定的な論調になってしまうところだが、富裕層の子女は社会に出てからも安泰である可能性が高い。

そのような子女が集うブランド校で「生涯の友人」を見つけることができれば、大人になってからも互いにキャリア面などで助け合えるといったこともある。

また、ブランド校出身者は採用面接でも高評価を受けることがあるという。

これは聖心女子学院に中等科から大学まで通った卒業生に聞いた話だが、**「聖心」という名を聞いただけで、「良家のご令嬢」「清楚なお嬢様」といった印象を一方的に抱く中年男性が多く、就職活動ではブランド校というその「出自」が大きな武器になったという。**

落ち目の女子校から難関進学校へ。ニューウェーブ校の代表的存在「広尾学園」

三章でも述べたようにいま、中学受験の世界で人気を博しているのは「大学付属校」であるが、また新たなタイプの学校もスポットライトを浴びている。改革される大学入試が目指す「思考力・判断力・表現力」、そして「主体性・多様性・協働性」を持った人間を育成する新たな形の教育プログラムを用意している学校である。

そして、そんな新たな形を持った新興の学校の中には、旧名門校を凌ぐ人気を誇るところも多い。私はそういう学校を総称して**「ニューウェーブ校」**という表現を用いたい。

二〇一〇年九月。私は『ｉＰａｄで教育が変わる』（マイコミ新書）という著書を刊行した。当時発売されたばかりのｉＰａｄが教育に及ぼす影響について言及し、また、ｉＰａｄを用いた実験授業のリポートを盛り込む内容であった。

その本の刊行から数日後、私立中高一貫校の教員より面談を希望する連絡が入った。聞けば、ｉＰａｄを導入した中高一貫教育を考えているという。

そして、その学校の教員と話をした。こちらの話を熱心に聞きながら、細かにメモを取っている。

わたしはその教員の教育現場に新しい風を吹かせたいという意欲、そして、その迅速な行動力に感服した。

実際にこの学校は他校に先駆けて、タブレット端末を翌年の二〇一一年より導入し、授業で活用。大きな話題になった。

その学校の名は**広尾学園**。

先進的な教育手法を貪欲に取り入れて、この数年のあいだに、一気に難関校の一角へと躍り出た注目の共学の私立中高一貫校である。

名前を聞いてもピンとこない保護者も多いことだろう。それもそのはず。もともとは、順心女子学園という女子校であったのだが、**二〇〇八年に共学化に舵を切り、名**

称を広尾学園と変更した。この名を冠してたったの一〇年しか経っていないのだ。

立地は抜群だ。都内屈指の高級住宅街である港区南麻布にある。東京メトロ日比谷線「広尾駅」の四番出口より歩くことわずか数十秒、外苑西通り沿いにそのキャンパスはある。

場所柄、広々とした校地ではない。しかし、ガラス張りの壁面を基調とした九階建ての校舎は開放的な雰囲気がある。やや小ぶりではあるものの、グラウンドやテニスコート、校舎地下一階にはアリーナ（体育館）もある。

エントランスにいると、どこかのホテルを訪ねているかのように錯覚してしまうくらいだ。

順心女子学園の母体になった順心女学校は一九一八年に板垣退助の妻、板垣絹子によって創立された伝統校であった。一九七三年には文部省（当時）の海外帰国子女教育研究指定校に任命されたり、一九八九年には女子バレーボール部が全国高等学校バレーボール選抜優勝大会で見事優勝をしたりと、そのときどきに話題になった学校であった。

しかしながら、二〇〇〇年代に入ると、順心女子学園は廃校の危機に瀕した。**少子**

化に加え、大学合格実績にこだわりを持つ進学校に世間の人気が集中したのだ。一九九〇年代には一八〇〇名近くの生徒数を抱えた順心女子学園であったが、二〇〇三年度には全校生徒数が四〇〇名台にまで落ち込んだ。

ここで危機感を覚えたのは、勤務している若手の教員たちだったという。他の人気校の手法に追随するだけでは意味がなく、いまの時代にふさわしい学校改革を行うべきではないかという意見が噴出したのだ。そして、それまでの伝統に引きずられることのない、革新的な取り組みが始まったのだ。

広尾学園の初代校長に就任したのは「学校畑」の出身者ではなく、進学塾経営者として手腕を奮った人物であった。**生まれ変わったばかりのこの学校が重点を置いたのは「グローバル教育」「キャリア教育」「ＩＣＴ教育」であり、これらを上手く融合することで、生徒たちの学習意欲を喚起していった。**

たとえば、新しく設置されたインターナショナルコースでは、生徒一人につき一台のＭａｃＢｏｏｋを導入し、生徒たちに調べ学習やプレゼンテーション準備のツールとして活用させ話題となった。英語の授業では「読み・書き」だけではなく、「聴く、話す」という側面にも力を注ぎ、二十数名の外国人教師による国際性溢れる学習空間を構築した。英語によるプレゼンテーション能力の育成指導を徹底的に行い、課外のスピーチコンテストやディベート大会などで実績を残す生徒を数多く輩出している。

また、近年は海外大学への道も推奨していて、学内で海外大学の説明会を実施したり、海外大学見学ツアーを企画したり、外国人教員がチームを組んで海外大学志望者へのサポートを行ったりしている。

また、二〇一一年には高校に「医進・サイエンスコース」を設置（二〇一五年より中学にも同コースを設置）。「本物に触れる」を合言葉に医師や研究者を目指す中高生の興味関心を伸ばすためのさまざまな試みを行っている。

中学では「理数研究」の授業を実施し、学術界で通用する研究成果を目指している。実際に、生徒たちの研究活動は課外でも認められ、多くの生徒たちが各種発表会で受賞している。

この医進・サイエンスコースには専属の教職員が配置され、それぞれ専門分野を持っている。生徒たちは一人一台Ｃｈｒｏｍｅｂｏｏｋを所有しているが、クラウド型のグループウェアにアクセスすることで、教員たちと情報共有をしたり、研究のアドバイスを受けることができる。生徒たちは外国語で執筆された研究論文にも目を通すという。

二〇一三年、Ｇｏｏｇｌｅ社と連携をした機関によるプログラミング学習講座を日本で初めて開催。その縁もあり、Ｇｏｏｇｌｅ社の会長、エリック・シュミット氏が来校し、医進・サイエンスコースの生徒たちに特別講義を行ったことはメディアの脚光を浴びた。

ほかにも、医療や科学技術の分野の第一線で活躍している人物を招聘し、生徒たちとディスカッションを行ったり、大学の研究室・研究所などの訪問を行ったりしている。**まさに「本物に触れる」試みを実践しているのだ。**

ここで二〇一八年度の広尾学園の大学合格実績に目を向けてみよう。東京大学に一名（現役合格）、東京工業大学に八名（全員現役合格）、早慶には八七名（うち現役合格者数八四名）と一流大学に多くの合格者を輩出している。また、高い現役進学率も特徴的だ。「医進・サイエンスコース」を設けているだけあり、医学部合格者も増加傾向にある。今春は医学部医学科に計三八名（うち現役合格者数二二名）が合格した。

さて、『四谷大塚主催「合不合判定テスト」偏差値一覧表（八〇％ライン）』の「二〇一八年度入試版」を見ると、広尾学園は本科コース、インターナショナルコース、医進・サイエンスコースすべてにおいて男女ともに偏差値六〇以上となっている。男子校では海城、芝、武蔵、女子では吉祥女子、鷗友学園女子、洗足学園、頌栄女子学院などとほぼ同じレベルの位置になっている。

順心女子学園として生徒募集に苦戦していた時代は、偏差値三〇台ともいわれていた。このことを考えると、まさに大躍進である。

広尾学園こそ、ニューウェーブ校の代表的存在と断言してよいだろう。

これからの伸びに注目！「東京都市大学等々力中学校・高等学校」

そして、広尾学園と並び、この一〇年の間にぐんぐんと難化している注目のニューウェーブ校が世田谷区にある。

自由が丘や二子玉川からもさほど距離はない世田谷区等々力。都内唯一の「渓谷」のある街として知られている。その等々力渓谷を奥に向かって進むと滝がある。不動滝と名付けられたこの滝の音が周囲に「轟く」ことから「等々力」の地名がついたといわれている。

そんな等々力の街は閑静な住宅街になっている。等々力渓谷とは正反対の方向に坂道を登っていくと**東京都市大学等々力中学・高等学校**がある。その隣には東京都市大学の等々力キャンパスがある。最寄り駅は東急大井町線「等々力駅」もしくは「尾山台駅」。

東京都市大学という名称には耳慣れないが、**武蔵工業大学**なら知っているという人はいるだろう。

戦前に起源を持つ工学系の単科大学は全国的にも数少ない。その一つが「武蔵工業大学」である。芝浦工業大学・工学院大学・東京電機大学と並べた「東京4理工」というくくりもある。

武蔵工業大学を経営する学校法人は五島育英会である。会の創設者は東京急行電鉄創業者でもある五島慶太氏であり、現在も東急グループに属している。

その五島慶太氏の没後五〇年目を迎えた二〇〇九年、五島育英会は大きな決断をする。

武蔵工業大学に東横学園女子短期大学を統合、五学部一六学科を擁した総合大学「東京都市大学」へと名称を変更した。これに伴い、グループ内の幼稚園から高校すべてに「東京都市大学」の冠が付されることになった。

東京都市大学等々力は、かつては東横学園という女子校であった。学校関係者曰く、「他校に比べて進学校化などの改革が遅れていた」こともあり、東横学園は生徒募集に苦戦していた。とりわけ中学校にいたっては、二〇〇〇年代に入った頃は、一学年二クラスを確保するのがやっとの状態であり、ときには一学年一クラス体制にせざるを得ないこともあったという。

広尾学園の前身の順心女子学園とまさに同じように、存亡の危機に瀕していたのである。

そこに二〇〇九年の五島育英会による名称変更である。東横学園は名称変更するだけでなく、これを機に共学化に舵を切るとともに、入試制度や中高一貫の教育内容にも抜本的な改革を行うなど、起死回生の策を講じたのである。

その策は当たった。

たとえば、大学合格実績に目を向けてみよう。

二〇一〇年度の東横学園時代、卒業生五八名に対し、国公立大学は二名、早慶上理ＩＣＵは一名、ＧＭＡＲＣＨは四名という現役合格結果だった。

これがたった八年後の二〇一八年度には、卒業生一八八名に対し、国公立大学は四三名、早慶上理ICUは九四名、GMARCHには一八〇名の現役合格者を輩出するまでになっている。二〇一八年度の大学入試合格実績は、文部科学省主導による「定員超過の厳格化」の影響があり、**私立中高一貫校のほとんどが前年比で大学合格実績が大幅に落ち込んでいる。そんな中で、この東京都市大学等々力は前年比で大学合格実績を大きく伸長させた数少ない学校の一つなのだ。**

なぜ、東京都市大学等々力はこのような飛躍を成し遂げたのか。その秘訣の一端は徹底した「生徒たちの自学自習」の姿勢の構築にあるという。

全学年の生徒たちに配布されるのは「TQ（タイムクエスト）ノート」。生徒たちは見開き二ページに一週間分のタイムスケジュールを書き込んでいく。それを担任が随時チェックしていくという。これにより、生徒たちはタイムマネジメントの能力を育むことができる。

それだけではない。**「自学自習」を奨励するために、東京都市大学等々力では夜の二〇時（高校三年生は二一時）まで自習室を開放している。**部活終了後に居残って勉強に打ち込んでいる生徒が多くいるらしい。また、その場には東京大学の学生や同校卒業生のチューターが待機していて、自由に質問やアドバイスを受けられる環境を整えている。

「自学自習」というと、学校側からの働きかけはあまりなさそうだが、そうではない。**東京都市大学等々力が目指しているのは「学校完結型」の学習システムである。**たとえば、月曜日から金曜日は毎朝一五分のテストを実施。採点結果をアナライズセンターで分析・管理し、その採点結果はその日の放課後までに生徒たちに伝えられる。芳しくない得点結果だった生徒には補習や再テストを徹底的に行っている。塾に通わずとも、学校内で大学受験対策が完結できるのだ。

授業も独特の手法を導入している。

双方向型授業であるアクティブラーニングを積極的に活用している。東京大学の研究所で開発された「知識構成型ジグソー法」という協働学習手法を取り入れている。一つの課題に対してそれぞれのグループが異なる資料に基づき、検証・考察・発表を行うことで、生徒たちに多角的な視野を獲得させることを目的としている。

理科教育では、中学一年生、二年生の二年間で約二〇〇回にわたる実験を組み込んでいる。生徒たちの興味を喚起することで、自主的に探究したいという心を醸成しようという学校側の思いがある。

英語や国際教育も充実している。英語の授業では多読・音読にこだわり、学力向上に努めている。外国人教員や留学生との英会話交流を楽しめる「イングリッシュサロン」を設けたり、オンライン英会話講座などを利用した放課後の特別授業、生徒たち全員が参加する「海外研修旅行」を行ったりと、さまざまなグローバル教育を実施している。

そのほか、勉強面だけでなく、部活動についても活発に行われているという。これからの大学入試では委員会活動や部活動、各種コンクールなど、中高時代にどのような取り組みを個々人が行ってきたかが重視されるようになるため、生徒たちの諸活動をデジタル管理する「eポートフォリオ」の全面導入の準備を着々と進めている。生徒たちはタブレット端末を活用しながら、自身の活動を管理できるようになるのだ。

東京都市大学等々力の教育理念は「ノブレス・オブリージュ」。高潔な人間性を持って責務を果たすという意味がある。生徒たち一人一人が同校の中高一貫教育を経ることで、この「ノブレス・オブリージュ」の精神を獲得し、国際社会で羽ばたけるリーダーを輩出していくのが同校の目標である。

東京都市大学等々力の先進的な取り組みには、生徒たち一人ひとりに温かな目を向け、その個性を伸ばしていくという実に「アナログ」な考えが通底しているのだ。

大胆な改革の成果がどう出るか？「三田国際学園」

さて、ほかにはどのようなニューウェーブ校が注目を浴びているのだろうか。

世田谷区用賀に**三田国際学園**という共学校がある。

前身は「戸板女子」という女子校である。長い間生徒募集に苦戦をしていた同校は、二〇一五年に大胆な学校改革に着手した。名称を「三田国際学園」（戸板が以前港区三田にあったことに由来）に変更し、共学化を図った。そして、新校長に広尾学園の初代校長を迎え入れたのだ。もちろん、教育面に関しても従来のものを刷新した。

授業では「相互通行型授業（アクティブラーニング）」を導入し、教員たちからは「トリガークエスチョン」と名付けられた「正解のない」質問をどんどん投げかけることで、生徒たちの思考力を深めていく。

また、ＩＣＴ教育も充実。Ｗｉ－Ｆｉが完備された校舎内では生徒たちがタブレット端末を活用しながら、調べ学習を行っている。

英語・数学を中心に「ｒ－Ｔｅｓｔ」という学習管理システムを導入。生徒たちは朝にテストを受け、その結果を通じて発見されたウィークポイントの類題が自動的に翌日のテストに反映されるようになる。担任教員のフォローアップのもとで、自立した学習習慣を身に付けていくのである。

二〇一五年度より改革したため、「三田国際学園」で六年間学んだ生徒はまだいない。同校で学んだ卒業生がどのような進路を辿るのか要注目である。

共学化し、グローバル教育に力を入れる「開智日本橋学園」

三田国際学園と同じ時期、二〇一五年度にそれまでの女子校から共学化、名称変更した学校が中央区日本橋馬喰町にある。

その名は**開智日本橋学園**。前身は「日本橋女学館」である。当時はやはり生徒募集に四苦八苦していた。

「開智」の名を聞いてピンとくる人がいるかもしれない。そう、埼玉県さいたま市の岩槻に「開智」という中高一貫校がある。この学校の経営母体である「学校法人開智学園」が日本橋女学館と教育提携を結んだのである。これにより、学校法人開智学園グループは小中高大で九校を有する一大学園となった。

開智日本橋の教育目標は「平和で豊かな国際社会の実現に貢献できるリーダーの育成」。グローバル教育に特化した教育内容になっている。国際的な教育機関である国際バカロレアのディプロマ・プログラムの認定校となり、いまは多くの帰国生の受け入れを行っている。

各科目に「探究型授業」を導入、アクティブラーニングの手法を採り入れている。また、各種実験や観察などのフィールドワーク学習も積極的に行い、生徒たちの学びを深めている。

これからは大学受験に向けた実践的な特別講座を数多く用意し、進学実績の向上に努めていくという。

大学が中高を吸収合併！「中央大学附属横浜」

大学が中高一貫校を吸収合併するというケースも登場した。

横浜山手女子という中高が横浜市中区山手町にあった。これまでのニューウェーブ校の前身校同様、その人気は低迷していた。

この女子校が脚光を浴びたのは二〇〇九年のこと。学校法人中央大学との合併協定書に調印することになったのだ。そして、翌年には中央大学の系属校として中央大学横浜山手に名称変更。二〇一二年を皮切りに中学校一年生から段階的に共学化し（二〇一六年に中高完全共学化を果たした）、二〇一三年にはキャンパスを横浜市都筑区に移転、学校の名を再び改称し、「**中央大学附属横浜**」となった。

くり返しになるがこの一、二年は大学入試定員超過の厳格化の影響があり、首都圏の私立大学は軒並み難化している。しかし、**中央大学が別法人であった中高と合併したのは、当時の私立大学が生徒募集に苦戦し始めたことと無縁ではない**。

某私立中高に長年勤める進路指導部長がこんな話を数年前にしてくれたことがある。

「大学入試の応募人数や競争率のピークはいまから二五年〜三〇年前。団塊ジュニアと呼ばれる世代がこぞって大学入試を目指した時期。日東駒専（日本大学・東洋大学・駒澤大学・専修大学）でもかなりの狭き門。私が思うのは、当時の日東駒専は、いまのＭＡＲＣＨのレベルに相当するだろうということ。つまり、長期的に見ると大学自体はかなり入りやすくなっている」

以前は地方から首都圏の大学入試に挑む受験生が多くいたが、景気の先行きの見えづらい昨今、そのような受験生が減少したことも首都圏の私立大学が苦境に立たされた一因であった。

さて、中央大学附属横浜に話を戻そう。

この学校がユニークなのは、中央大学の付属校に甘んじていない点である。中央大学進学だけでなく、他大学の進学対策を見据えたカリキュラムを組み込んでいるのは興味深い。これもまたニューウェーブ校の新しい形といえるだろう。

いまや中央大学附属横浜の入試にはたくさんの受験生が詰めかける。難関校の一角に躍り出ているのである。

生き残りをかけて進化する私学たち

ほかにも、私立大学が私立中高と提携を結んだり、合併したりする事例が近年増えている。

青山学院大学は二〇一四年に横浜英和女学院を系属校化し、二〇一八年度より中高ともに完全共学化した。その名は「青山学院横浜英和」。さらに、二〇一八年は浦和ルーテル学院を系属校化する協定を締結。二〇一九年度に浦和ルーテル学院小学校に入学し、二〇三〇年に高校を卒業する生徒より青山学院大学への推薦対象者となる。

東洋大学は二〇一一年に男子校の京北を統合し、グループ校に組み入れた。二〇一五年より学校名を**「東洋大学京北」**とし、共学化を果たしている。

全国に数多くの付属校を抱える**日本大学**もその例外ではない。二〇一七年に共学校の日出学園と準付属契約を結んだ。二〇一九年より**「日本大学目黒」**と名称変更を行う。

ニューウェーブ校の参入は「旧名門校」の受験動向にも大きな影響を及ぼすのは間違いないだろう。

保護者の世代といまの「受験地図」は大きく変わっている。しかし、この先、五年後、一〇年後を考えたとき、さらに大きな変化が見られるかもしれない。

5章

国立大付属校
VS.
都立中高一貫校

東大合格率ナンバーワン！圧倒的な進学実績を誇る「筑波大附属駒場中学校」

さて、本書ではここまで都内の私学を中心に紹介してきた。本章では、中学入試の世界では昔から人気を博し続けている**国立大学付属中学校**、そして近年、人気が過熱している**公立の中高一貫校**、この二つの選択肢についても触れておこう。

国立大学付属校の筆頭は間違いなく男子校の**筑波大附属駒場中学校**だろう。ことにこの学校は大学受験で群を抜いた結果を出している。たとえば、二〇一八年は、一六二名の卒業生に対して一〇九名（うち現役が八〇名）の東京大学合格者を輩出している。合格者数だけで見れば開成がナンバーワンだが、開成の今春の卒業生数が三九八名であることを考えると、合格率は筑波大学附属駒場が突出していることがわかるだろう。

筑波大学附属駒場は京王井の頭線の「駒場東大前駅」より徒歩一五分のところにあり、駒場東邦と隣接している。この地には東京大学のキャンパスもあり、アカデミックな雰囲気の町となっている。

クラブ活動、生徒会活動、学校行事はすべて生徒主導で運営され、生徒たちの自主性を尊重した極めて自由な校風になっている。ハイレベルな生徒が集う授業についてはは自然とマニアックな内容のものになるようだ。

なお、筑波大学附属駒場は中学入試だけでなく、高校募集も行っている。ある卒業生はこう語る。

「中学のトップ一〇人は学力レベルがもう別格。でも、それ以外の子たちは自由な校風に流されて、中学に入ってから学力は徐々に落ちていきます。落ち切った頃にレベルの高い高校受験組が入学してきて、中学入学組はかなり焦ります（笑）。」

筑駒との違いは「付属小」と「共学」。「筑波大附属中学校」

次に共学校の**筑波大附属**を紹介したい。

所在地は文京区大塚。東京メトロ有楽町線「護国寺駅」より徒歩約八分、東京メトロ丸ノ内線「茗荷谷駅」より徒歩一〇分に位置する。近くにはお茶の水女子大学やその付属中高、跡見学園の中学・高校・大学などがあり、まさに文教地区という趣である。

筑波大学附属駒場と異なるのは共学校であるほかに、付属の小学校がある点だ。中学入試では男女合わせて定員は約六五名となっている。そして、この入試を経て進学した生徒に加え、小学校からの内部進学者約一三〇名で中学は構成される。なお、高校入試の募集定員は八〇名となっている。

「強く、正しく、朗らかに」を校訓に、生徒一人ひとりが人生を主体的に開拓して、将来的に人類社会の発展に寄与できる人材育成を目指す教育を行っている。

校風はやはりかなり自由なもの。授業はいたって教科書を中心に学力の土台づくりを行うオーソドックスな内容になっている。

今春の合格実績に目を向けると、卒業生二三一名に対し、東京大学の合格者が三八名（うち現役合格者数二三名）、早慶に一七三名（うち現役合格者数一二五名）となっている。

小中は共学、高校のみ女子校「お茶の水女子大附属」

続いて、女子校の**お茶の水女子大附属**を取り上げよう。

所在地は先ほど紹介した筑波大附属と同じ文京区大塚。中高以外に、付属の小学校とお茶の水女子大学が隣接している。なお、**小学校と中学校は共学校であり、高校は女子校となる。このため、同校で小中と学んだ男子生徒は否応なしに他校の高校入試に挑むことになるのだ。**

お茶の水女子大附属は自主自律の精神を持ち、広い視野に立って行動する生徒の育成を目標としている。

学習指導面を見ると、こちらも筑波大学附属同様に基礎的な学力の充実を図るものになっている。

女子校である高校からの今春の大学合格実績は、卒業生一一九名のうち、東京大学に三名（うち現役合格者数は二名）、早慶に三七名（うち現役合格者数は二六名）となっている。ちなみに、お茶の水女子大学への特別選抜制度が設けられていて、今春は一一名が現役で合格している。

内部進学に高いハードル「東京学芸大学附属中学校」

そして、都内には東京学芸大学の付属中学校がいくつかある。

文京区小石川にあるのは東京学芸大学附属竹早、世田谷区深沢にあるのは東京学芸大学附属世田谷、小金井市貫井北町には東京学芸大学附属小金井、そして、練馬区東大泉には東京学芸大学附属国際中等教育学校（こちらは中高一貫校）がある。

うち、**竹早・世田谷・小金井については、そのまま上がるのであれば、世田谷区下馬にある東京学芸大学附属高校に内部進学することになる。**しかし、詳細は後述するが、内部進学するためにはハードルが設けられている。

その東京学芸大学附属高校の今春の大学合格実績を見ると、卒業生数三三四名のうち、東京大学には四九名（現役合格者数二二名）、早慶二六九名（現役合格者数一五三名）となっている。

以上、都内にある主要な国立大学付属中学校をコンパクトにまとめてみたが、**国立であるがゆえに学費が比較的安価に抑えられ、かつ難関大学に多くの合格者を輩出している点を考えると、とても魅力的に感じる保護者は多数いることだろう。**

しかしながら、これら国立付属中学校の進学にはリスクも伴うのだ。

まず、**これらの学校は「実験校」としての側面があることだ。**

たとえば、筑波大学の前身は東京教育大学であり、教育系の学部が充実している。そして、そこの学生たちの教育研究の場として筑波大学附属駒場や筑波大学附属が活用される。換言すれば、それらの研究における実験的な試みに付き合わねばならない。また、教育実習生の受け入れも積極的に行っている。

だからこそ、**大学入試対策は不十分であり、在校生たちは早期のうちから塾や予備校に通うことになる。**

また、特に東京学芸大学付属の中学校三校（竹早・世田谷・小金井）については、簡単に高校へと内部進学できないし、在校生全員が「高校受験」に備えなければならないことも頭に入れておくべきだろう。**「付属校」という名に安心することはできないのだ。そのことを詳しく説明したい。**

東京学芸大学の付属中学校三校の高校への内部進学できるか否かの基準は中学時に行われる中間考査や期末考査の得点結果である。この結果に基づいてA・B・C・Dと生徒たちがランク分けされる。Aはほぼ一〇〇％内部進学できるということであり、

Bはまあ内部進学できるだろうということ、Cは内部進学できるか微妙な状態であること、そして、Dはまず内部進学はできないだろうということを示している。

では、Aだからといって安心できるわけではなく、一般生たちが挑む東京学芸大学付属の高校入試日と同日の二月一三日にやはりその試験を受験しなければならない。

ここで問題になるのは、誰しもがこの「高校受験」に備えねばならず、私立中高一貫校に見られるような「先取り学習」などできないという点である。

なお、筑波大学附属駒場、筑波大学附属、お茶の水女子大学附属（女子）については、附属高校への内部進学率が高く、その点は安心できる。

学校ごとにそれぞれの特色あり「都立中高一貫校」

ここまで国立の付属校について言及した。各校ともに古い歴史と強いブランド力を有する「旧名門校」としてカウントすることができる。

さて、最近では**公立の学校の中に「新名門校」と形容すべき中高一貫校が続々と設立されており、高い人気を集めていることをご存知だろうか。**これらの学校はどこも一律の教育を実践しているのではない。学校ごとにそれぞれ確かなカラーを有しているのだ。それでは都内にある「都立中高一貫校」を紹介しよう。

語学教育に特徴あり「桜修館」

二〇〇六年に目黒区八雲に**都立桜修館《おうしゅうかん》中等教育学校**が創立された。前身は東京都立大学附属高校である。最寄り駅は東急東横線の「都立大学駅」である。

桜修館は創立以来、日本語を含む語学教育を充実させている。それは、中高一貫六年間の中で、世界の中の日本人としてのアイデンティティを持った国際社会を担う人材を育成したいという教育目標を掲げているからである。実際に、国語においても数学においても論理的思考力を培う授業が実践されている。たとえば、生徒たちは中学生の時分からディベートや小論文、ランゲージアーツなどに取り組んでいく。

英語以外の外国語教育の充実ぶりにも目を見張るものがある。

フランス語やスペイン語、中国語にハングルなどの選択科目も数多く用意されていて、生徒たちはそれらをじっくりと学ぶ機会が与えられる。

今春の桜修館の大学合格実績に目を向けてみよう。目を引くのは現役合格率の高さである。卒業生一五二名中、東京大学に五名合格（全員現役合格）、早慶には五四名合格（うち現役合格者数四五名）をはじめ、その他国公立大学や難関私立大学合格者を数多く輩出している。

教養主義と理数教育「小石川」

次に、二〇〇六年に設立された**都立小石川中等教育学校**。前身は都立小石川高校である。学区制が敷かれていた頃は第四学区の都立高校の中でトップに君臨していた。

「小石川教養主義」と銘打って、広くて深い知識に裏付けられた教養を育んでいこうというのが同校の教育方針である。そのために、六年間の体系的なカリキュラムを敷いているほか、小石川独自の教材や資料集といった副教材が導入され、各科目深い内容にまで踏み込んだ授業が展開されている。

また、**理数教育には定評があり、文部科学省よりスーパーサイエンスハイスクールの指定を受けている。**たとえば、理科については授業の七割以上を実験や観察にあてていて、それらの体験を通じて知識が獲得できるように工夫されている。

また、ドイツ語・フランス語・中国語といった選択科目も用意されていて、異文化を積極的に学べる仕掛けがいくつも設けられている。海外語学研修や海外への修学旅行などもその一例である。

今春の大学合格実績は、卒業生一五五名中、東京大学に一二名（うち現役合格者数一一名）、早慶には九四名（うち現役合格者数六四名）と一流大学に多数輩出している。

まずは都立中高一貫校の代表として桜修館と小石川の二校を挙げたが、ほかにも多くの都立中高一貫校が存在している。

その他の都立中高一貫校

二〇〇八年に創立されたのは都立中高一貫校の中で唯一「国際」を冠している**都立立川国際中等教育学校**。名のごとく国際教育に力を入れていて帰国子女の受け入れも積極的に行っている。

二〇一〇年開校したのは**都立三鷹中等教育学校**である。前身は都立三鷹高校。文武両道を掲げた都立中高一貫校であり、二〇一四年にはサッカー部が全国高校サッカー選手権に出場するなどしている。国公立大学や難関私立大学にも数多くの合格者を輩出している。

同じ二〇一〇年に開校した都立中高一貫校は**都立南多摩中等教育学校**である。前身は都立南多摩高校。フィールドワークやライフワークプロジェクトなどの独自の教育プログラムを導入している。調査研究や論文などの指導が充実しているのだ。

以上取り上げた都立中高一貫校は高校からの募集は一切ない「完全中高一貫校」となっている。

一方、**都立大泉高等学校附属中学校、都立富士高校附属中学校、都立白鷗高校附属中学校、都立武蔵高校附属中学校、都立両国高校附属中学校**の各校は、名称を見ると理解できるようにあくまでも高校の付属として中学校が存在している。高校入試からの募集も積極的に実施しているのだ。

学費の安さと独自性が大きな魅力

各校に人気が集まる理由は、何といってもまず、学費がリーズナブルである点だ。

たとえば、中学校三年間の学費の総額は約一〇〇万円である。これは一般的な私立中学校であれば、一年間で飛んでしまう金額である。

そして、**前述したように各校はその教育内容に独自性を持っていて、それぞれに魅力がある。**

一方で、**門戸が「狭い」のも都立中高一貫校の特徴である。**

中学入試の実質倍率が各校とも相当高いのである。たとえば、二〇一八年度入試でいうと、桜修館は男子四・三八倍、女子は六・五八倍、小石川は男子六・四八倍、女子五・四二倍など。つまり、五、六人に一人、換言すれば、五、六人に四、五名は不合格になってしまうのである。

だから、「わが家は都立中高一貫校オンリーで」と考えると、結局合格できずに地元の公立中学校に進学する可能性が高くなる。

さらに、**都立中高一貫校の難しさはその「入試問題」の中身にある。**いま「入試問題」と申し上げたが、前言を撤回しよう。都立中高一貫校ではこれを**「適性検査」**と呼んでいる。

都立中高一貫校の入試問題は「小学校の教科書レベルから逸脱してはいけない」という縛りがある。かたや高倍率の選抜が必要となる。とすると、どうやって「得点差をつける問題」を出題するかに作問者は苦心することになる。

結果、適性検査では作文を書かせたり、グラフの読み取りをさせたりと一風変わった問題になる。そのため、幅広い知識が必要となり、かつ表現力も問われてくる。これは一朝一夕の対策ではなかなか合格ラインに手が届かないことを意味する。かつ、「何を学習すれば合格ラインに届くのか」が相当わかりづらい類の検査になる。

都立中高一貫校の入試日は二月三日である。

かつてはその学校の地元から「都立中高一貫校しか受験しない」という多くの受験生が集まったが、近年は二月一日・二日に私立中学校を受験した子どもたちの併願校としての立ち位置が強くなってきたのだ。 とはいえ、独特な内容の適性検査なので私立中学校との入試問題との親和性はさほど高くはない。実際、難関私立中学校合格者であっても、都立中高一貫校の適性検査で不合格を喰らってしまう子は多い。

都立人気に便乗する私学たち

一方で、人気を博す都立中高一貫校に「乗じよう」という私立中学校もいくつか登場している。**すなわち、私立中学校の併願校としての都立中高一貫校ではなく、都立中高一貫校の併願校として私立中学校を受験してもらおうという戦略である。**

一例を挙げてみよう。杉並区に光塩女子学院という伝統校がある。この学校では二〇一〇年度より「総合型入試」の回を設けた。「初めて目にした問題（文章・図表）について、小学校レベルの基礎知識を用いて、自分の頭を使って読み解き、きちんと思考して論理的に表現する力」を評価するというもので、時事性の高いテーマに関する長文を読み、複数の教科の素養を含んだ問題に答えるという内容になっている。まさに都立中高一貫校の適性検査を意識した入試問題になっているのだ。

光塩女子学院はカトリック系の伝統校として以前は難関校の一角に位置していた。しかしながら、この二〇年の間にそのレベルをガクンと下げてている。四谷大塚の合不合判定テストのデータを見ると、かつて六〇以上あった偏差値がいまや四〇台までになってしまったのである。このような危機的状況を打破するためにも、都立中高一貫校の受験者に目を付けたのであろう。

そして、この光塩女子学院の試みに追随するかのように、**いまや多くの中堅私立中学校が都立中高一貫校の受験生が併願しやすいような入試回を設けるようになったのだ。**

学費は安い、各校独自の教育方針やその内容は魅力的。そして、大学受験合格実績も突出している。この都立中高一貫校の人気はこれから先も衰えることはなさそうである。

6章

地方の旧名門校と新名門校の真実

かつては公立天国、いまは私学優勢に――千葉

数多くの私立中高一貫校がある東京都は中学受験が盛んである。たとえば、たとえば、世田谷区、目黒区、渋谷区、文京区、港区あたりでは、小学校によっては七、八割が中学受験の道を選ぶなんてことも珍しくはない。

いわば、**東京は中学受験自体がカジュアル化している状況だ。**

しかしながら、それは東京限定の話であり、地方に目を向けると依然として「公立天国」であり、私立は「公立に合格できなかった生徒のおさえ」と位置付けられているケースが多い。

そんな中で、徐々に私学が優勢になってきたエリアがある。

まずは、千葉県である。

これまでは**県立千葉、県立船橋、県立東葛飾**という**「県立御三家」**がレベル面でも人気面でも、そして大学合格実績という側面においてもすば抜けていた。

しかし、近年は千葉県で最も大学合格実績が優れている学校といえば、これら「県立御三家」ではなく、一章で紹介した渋谷教育学園幕張である。

千葉県の私立中高一貫校には、渋谷教育学園幕張以外にも**市川、東邦大東邦、昭和**

秀英などの人気校も登場してきた。

それらレベルの高い私立中高一貫校が集中しているのは千葉県の中でも東京寄りのエリアばかりである。特に、浦安市、船橋市、習志野市などは近年、中学受験率が高くなっているという印象がある。

一方で、千葉駅より西側のエリアになると、依然として公立が優勢になる。

県内でもエリアによって意識が異なる——神奈川

次に、神奈川県の状況を考えてみよう。

神奈川県は千葉県同様、そのエリアによって中学受験に対する「温度」は随分差がある。たとえば、東急田園都市線エリアの住民は「東京」を好む傾向があり、東京の私立中高一貫校に子どもたちが多く通っている。近年開発が進んでいる東急東横線の武蔵小杉やその周辺エリアについても「東京意識」が強く、中学受験がやはり盛んな地域である。

ところが、同じ神奈川県でも横浜については事情が違う。横浜の住民は「浜っ子意識」があり、東京に対するアンチテーゼがあるのか、わが子が私立中高一貫校を受験するとしても、横浜にある学校を選ぶケースが多いように感じている。

「神奈川（横浜）男子御三家」「神奈川（横浜）女子御三家」という表現があり、前者は栄光学園・聖光学院・浅野を指し、後者はフェリス女学院、横浜雙葉、横浜共立を指している。そのようなレベルの高い私立中高一貫校が横浜近辺に多くあるのもその要因になっているのだろう。

そして、**横浜より西側のエリアに入ると途端に「公立志向」が強くなる。**神奈川県の公立高校には、たとえば、県立湘南や県立横浜翠嵐などの一流進学校がたくさんあり、それぞれに多くのファンがいる。

局所的に過熱する——関西

関西在住で子を持つ保護者の多くが大学の頂点と考えているのは間違いなく京都大学である。そのほか、**大阪大学、神戸大学**も一流の難関大学である。続いて**「関関同立（関西大学・関西学院大学・同志社大学・立命館大学）」**の人気も根強い。近年は近畿大学に多くの受験生が集まっているというニュースもあった。

また、**関西は依然として「公立志向」が強い。**たとえば、大阪の府立高校でいうと

北野高校、京都府立の**堀川高校**などは京大への進学実績という点では並の私立では太刀打ちできないほどの実績を上げている。

さて、東京は中学受験が身近な存在であるのに対し、関西の中学受験はある意味「局所的に過熱」している。

数はさほど多くはない関西の私立中高一貫校をわが子に狙わせるご家庭というのは、かなり教育意識が高いからだ。聞くところによると、「子の将来設計」を描いている親、たとえば医者が子に中学受験を選択させるようなケースが多いとか。

そのような親を呼び込むための方策として、関西の私立中高一貫校は先に挙げた府立との差別化を図るために、「京都大学ではなく東京大学を目指せる環境」や「国公立の医学部に進むための対策を強化する指導」などを打ち出している。

それでは、関西の「旧名門校」と形容すべき私立中高一貫校を紹介しよう。

関西私学の男子トップ校「灘」

関西の私学のトップに君臨するのは男子校の**灘**である。

所在地は兵庫県神戸市東灘区魚崎北町。ＪＲ神戸線「住吉駅」、阪神本線・六甲アイランド線「魚崎駅」からそれぞれ徒歩で約一〇分の位置にある。

一九二八年、灘の大手酒造会社のオーナーを中心とする篤志家らの手により開校した。

学校のモットーは「精力善用」。勤労を喜ぶ習慣を養うとともに、自主性と強固な信念、そして、強靭な体力を備えた人材を育成したいという思いが込められている。

灘は、関西では珍しく京都大学ではなく東京大学合格者を多く輩出する「代表格」である。二〇一八年の合格実績も東大の九一名に対し、京大は四二名である。

なぜ、これほどに灘の東大志向は強いのか。

灘は開校以来、東京大学出身の教員が多く在籍していて、生徒たちを自身の母校へと行かせようとしており、かつて東京の日比谷高校が東大への合格実績ナンバーワンを誇っていた頃、その座を脅かすほどの東京大学合格実績を上げた。その当時の名残がいまもあるのだろう。

また、**灘は医学部志向が大変強い学校という点も特徴的である。**国公立大学をはじめ、医学部に多くの進学者を輩出している。たとえば、今春は東京大学理科Ⅲ類に一五名（うち現役合格者数一一名）、京都大学医学部に二二名（うち現役合格者数一四名）をはじめ、医学部、それもその最高峰に圧倒的な数の合格者を輩出しているのだ。

そして、校風は意外や意外、スパルタ的なものとは真逆であり、東京の麻布に比較的近いといえる。つまり、勉強というよりも体育祭や学園祭、クラブ活動などを積極的に、それも自主的に取り組む生徒たちが多い。

灘にはパワーのある、何にでものめり込むタイプの生徒が大半だという。

実際、灘では勉強はできて当たり前。だからこそ、勉強以外の何かに秀でていなければならないという雰囲気が学内に満ちているとか。

授業は受験対策の色を前面に出しているわけではない。しかしながら、飛び抜けて優秀な知的好奇心旺盛な生徒たちが一堂に会し、彼らを満足させるような授業を行うことは結果として高度な学習内容となる。実際、数学や英語の進度はかなり速いという。

灘に次ぐ難関校「東大寺学園」

関西では灘に次ぐ位置に付けているのが奈良の**東大寺学園**。

所在地は奈良県奈良市山陵町。かつては、東大寺の境内にその学び舎はあったが、現在は近鉄京都線「高の原駅」から徒歩で約二〇分という場所にある。緑豊かな静かなところである。

その名の通り東大寺が運営している。東大寺の僧侶が来て話をしたり、東大寺の行事に生徒たちが参加したりするということはあるが、宗教的な色彩はさほど強くはない。校風は灘に近く自由な校風である。制服すらない。

東大寺学園の教育の三つの柱になっているのは、「基礎学力の重視」「進取的気力の養成」「豊かな人間性の育成」である。

授業は灘同様、学力レベルの高い生徒たちにさらに高みと深さを追求させる内容になっている。

今春の大学合格実績を見ると、卒業生二一〇名のうち、東京大学に一八名（現役合格者数一一名）、京都大学に五七名（現役合格者数三三名）となっている。そして、京都大学医学部は一一名（現役合格者数四名）をはじめ国公立大学や私立大学の医学部への合格者が目立つのが特徴的だ。

東大寺学園の中学入試日は一月一五日である。灘は一月一三日・一四日であるから併願可能である。ちなみに関西の塾関係者によると、大阪方面に住む男子の優秀な受験生は灘と東大寺学園を受験し、京都方面在住の受験生は東大寺学園ではなく、灘と洛南を受験する傾向があるらしい。

大学合格実績を公表しないのはなぜか？「神戸女学院」

関西の女子校、とりわけ「難関」と形容される女子校は男子校と比較すると格段に少ない。**関西の中学受験は「男子中心」となっている。**

関西の大手進学塾の関係者はこう証言する。

「関西で中学受験に挑むのはやはり男子が多いですね。三対二とまではいかなくても、少なくとも四対三くらいの比率があるかもしれません」

その希少な「難関女子校」の筆頭に挙がるのは、間違いなく**神戸女学院**。一八七五年創立という関西最古のミッションスクールである。

所在地は兵庫県西宮市岡田山。阪急今津線の「門戸厄神駅」から徒歩で約一五分のところに位置している。系列の神戸女学院大学が隣接しているキャンパスは緑豊かで広々としている。なお、神戸女学院大学はかつて「日本で最も美しいキャンパス」を持つ大学として取り上げられたことがある。

「愛神愛隣」の精神をモットーにしていて、キリスト教に基づいた全人教育を展開している。

毎朝二〇分の礼拝を課したり、週一回は聖書の授業を実施したりと宗教色は強い学校ではあるが、指定されている制服はなく、生徒たちの自主性を重んじた校風になっている。学力的に優秀な層が集まる学校だが、生徒たちは勉強に追い立てられることはなく、のびのびと学校生活を過ごしているのだ。

神戸女学院には一つ、他校では決して見られない「こだわり」がある。それは大学合格実績を公表していないところだ。

おそらく、大学合格実績の良し悪しを第一の尺度にして学校を選ぶようなご家庭には合わないところであるという無言のメッセージなのだろう。言い換えれば、自校の教育内容について強烈なプライドを有していると見ることができる。

関西の大手進学塾の関係者によると、神戸女学院の教員から「口頭レベル」であるものの、おおよその大学合格実績を聞くことができるという。進学先としては京都大学が多く、近年は医学部に進む生徒たちが増えているとか。

実際、神戸女学院を志望する子の親はわが子に「手に職をつけさせたい」と考える人が多いらしい。たとえば、医学や薬学といった専門的な道へ進んでほしいと願っているのだ。

自由でのびのびした校風とは、ある意味生徒たち一人ひとりに「で、あなたはこれからどうするの？」と常に突き付けられているような中高生活を過ごすということだ。

神戸女学院の生徒たちのキャリア志向が強いのはこのような学校側の気風が培ったものと見ることができる。

六年間で徹底した受験指導を行う「四天王寺」

そして、校風としてはこの神戸女学院の「正反対」をいく女子校が大阪にある。**四天王寺**だ。名のごとく、学校は一四〇〇年余り前に聖徳太子が創建されたといわれる四天王寺の境内にある。所在地は大阪府大阪市天王寺区四天王寺。JR「天王寺駅」からは徒歩で約一〇分、大阪市営地下鉄「四天王寺前夕陽ケ丘駅」より徒歩で約五分の場所にある。

四天王寺は聖徳太子に由来する学校だけに、「和を以て貴しとなす」「四恩に報いよ」を学園訓として掲げ、制服もあれば、身だしなみもかなり厳しく指導している。また、**大学受験に向けたプログラムはかなり充実していて、中高六年間で徹底した学習指導が実施されている。**

四天王寺が関西の女子難関校として躍進したのは、まさにこの点にある。

つまり、**保護者が将来希望する道、たとえば医学部をはじめとした難関の国公立大学、私立大学の進学に向けた「最短ルート」を公言している。**事実、中学のスタート段階から医・歯・薬系学部系の大学を志すための「医志コース」があるくらいなのだ。

神戸女学院は先述の通り、大学合格実績を一切発表しない学校だが、四天王寺は大学への進学実績を前面に出し、「わが校は難関大学に多数の合格者を輩出している」ことを強く訴えている。これによって教育意識の高い関西の保護者たちの支持を得られたのだ。

今春の大学合格実績を見ていこう。卒業生数五〇六名の中、京都大学に一六名（うち現役合格者数一三名）、大阪大学に二五名（うち現役合格者数一八名）、神戸大学に二九名（うち現役合格者数二一名）といった国公立大学をはじめ、関関同立には合計三四〇名（うち現役合格者数二三一名）の合格者を輩出している。また、今春は最高峰である東京大学理科Ⅲ類にも現役合格者を出している。

両校は東京の学校でいえば、神戸女学院は女子学院に、四天王寺は豊島岡女子学園に似た雰囲気があるのだろうか。

関西大手塾の関係者は言う。

「休日に制服を着ないで歩いていても、神戸女学院と四天王寺の生徒であれば、きっとどちらに属しているか見分けがつきますよ（笑）。」

自由で大らかな雰囲気のある神戸女学院の生徒に対して、四天王寺の生徒は真面目できっちりしたタイプが多いのであろう。

どちらがいいとか悪いとかという話ではない。ただ、中学受験を志すご家庭は両校のスクールカラーを事前にしっかり理解をしておき、どちらのタイプがわが子に向いているのかを熟考する必要があるだろう。

九州を代表する名門校「久留米大学附設」「ラ・サール」

九州についても少しだけ触れておきたい。

九州を代表する名門校で挙げられるのは、**久留米大学附設**と**ラ・サール**である。

まずは、久留米大学付設を簡単に紹介しよう。

福岡県久留米市野中町に同校はある。

もともとは男子校であった同校だが、二〇〇五年より高校が共学化、二〇一三年より中学が共学化した。

なお、男子限定ではあるが、同校には中高ともに寮がある。規律ある生活を送ることで、日々学習に励んでいる生徒たちがたくさんいる。

今春の卒業生数は一九五名と小規模な学校ではあるが、一流大学への合格者を数多く輩出している。東京大学に二三名、京都大学に一三名、早慶には三五名。医学部に進む生徒が多く、九州大学の医学部には二〇名が合格している。

卒業生には孫正義氏や堀江貴文氏といった先鋭的ともいえる起業家を輩出している。

同校の建学の精神は「国家社会に貢献しようとする、為他の気概をもった誠実・努力の人物の育成」である。両名はその精神を具現化した好個の例として挙げられる。

そして、男子校の**ラ・サール**。所在地は鹿児島県鹿児島市小松原。

カトリックの修道会によって設立された学校であり、キリスト教の教えに基づいた教育を実践している。

ラ・サールは難関大学受験を意識した取り組みを授業の随所に盛り込んでいる。指導する教員についても学校側はこだわっている。教鞭を執っているのは学校側が厳選した有能な人材ばかりだ。

久留米大学付設同様、このラ・サールも寮制度を導入している。聞くところによると、九州のご家庭のみならず、全国津々浦々から集まってくるらしい。寮生たちの日課は比較的細かく決められていて、「義務学習」「義務自習」などという時間も定められている。

今春の大学合格実績は卒業生二二五名のうち、東京大学四二名、京都大学一〇名、九州大学一九名、早慶に六八名などだ。最近は医学部を希望する生徒が増加傾向にあるという。

北海道の新名門校「北嶺」「立命館慶祥」

ここまで首都圏および関西圏の受験事情や灘、ラ・サールなど既に高い実績を誇っている名門校について触れてきた。が、首都圏がそうであるように全国各地でも新興勢力である「新名門校」が登場してきている。それらの学校をいくつか紹介したい。

まずは北海道の中学受験市場について少し触れておきたい。

札幌市は小学生一学年の人数は平均一万五〇〇〇人くらいである。そのうち私立中学受験に挑むのは八〇〇人程度とされている。元々札幌西高校など優秀な公立高校が多く、私立より公立志向が強い地域といえるだろう。

そんな私学にとって不利ともいえるエリアに人気急上昇中の男子校がある。

北嶺である。所在地は札幌市清田区真栄。

以前はあまり注目された学校ではなかった。しかしながら、一学年約一二〇名という少人数制指導のもと、大学受験に向けて一人一人の生徒たちを徹底的に鍛え上げ着実に成果を挙げるとともに、同校は難関校の一角に躍り出た。

今春の大学合格実績は東京大学に一三名、北海道大学に二五名、早慶に一七名などであるが、同校が重点を置いているのは医学部への進学だ。北嶺のホームページには「各期の最終進学先一覧」があるのだが、そこを見ると「医学部医学科」という文字がずらりと並んでいて圧倒される。

実際、北嶺を志すのは医者のご子息が多い。

また、一学年四〇名〜五〇名程度は同校が設けた「青雲寮」で生活している。全学年（中一〜高三）で三〇〇名近くがこの寮に入っているが、道外出身者が多く東京・神奈川出身者だけでも六〇名弱となっている。

寮で生徒たちを学ばせる上で、学校側はさまざまな仕掛けを用意している。たとえば北嶺卒業生の北海道大学医学部や札幌医科大学に進学した学生たちがアルバイトで寮に来て生徒指導を行う。

「北嶺」という校名が示すように「目指すなら高い嶺を」と学校側は考えている。いまは東京大学二〇名突破を身近な目標として掲げている。

この北嶺を追いかける存在として脚光を浴びているのは、共学校の**立命館慶祥**である。**立命館大学の付属校ではあるが他大学進学にも力を入れ始めている。**ＳＰコースという「特進クラス」を設置して大学受験対策に特化したカリキュラムを構築、徹底した指導を行うことで徐々に結果を出している。

今春の大学合格実績は東京大学に五名（全員現役合格）、京都大学四名（うち現役合格者数三名）、早慶上智には二七名（うち現役合格者数一九名）などである。なお、系列の立命館大学・立命館アジア太平洋大学には一三五名が学内進学している。

全国で注目される全寮制教育校「海陽学園」

東海地区の新名門校で挙げられるのは男子校の海陽である。

海陽の歴史はまだ浅く、二〇〇六年に設立された。

しかし、創立時、いや創立前よりこの海陽は全国の教育関係者の注目の的になった。トヨタ自動車やJR東海がリーダーの育成を目的に立ち上げた「中高一貫の全寮制教育」を掲げた学校だったからだ。

初代校長は元開成の校長を迎えた。また、教員には男子御三家各校で活躍したスタッフをはじめ、全国から有能な人材を結集させたのだ。

「将来の日本を牽引する、明るく希望に満ちた人材の育成」……これが海陽の建学の精神である。寮生活を通じて自立したたくましい人間へと育つよう学校側は力を尽くしている。

今春の大学合格実績は一〇五名の卒業生に対し、東大に一二名、早稲田と慶応に各一八名などとなっている。

なお、学費の高額さも同校が注目される一因にもなっている。大雑把ながら、一年間で三〇〇万円近くの費用を要する。高所得者層のご子息を対象にした学校なのである。

京大合格者数で注目を集める「西大和学園」

関西の「新名門校」としてまず紹介したいのは**西大和学園**。

開校が一九八八年と比較的新しい学校ながら、いまや押しも押されぬ難関校として人気を博している。

中学入試の定員は男子一八〇名、女子四〇名。中学一、二年の時は男女別学であり、三年から共学になるというユニークな試みを行っている。

設立当初はとにかく京都大学への合格者数を増やすことに学校側は腐心していた。ときには、京都大学の中では比較的合格ラインが低いとされる農学部を大量に受験させ批判されたこともあった。

しかし、そんな話は過去のこと。二〇一八年には東大に三〇名、京大に五七名と素晴らしい実績を挙げている。

一〇年以上前のことではあるが、わたしは校長（当時）に取材したことがある。その際に京都大学への合格者数を全面的にアピールしたポスターに対して、次のようなことを語っていた。

「不本意ながら予備校さながらのポスターになっていますが、まずは西大和学園に目を向けてもらうきっかけになってほしい。まずは入学してもらい、そこからわれわれはしっかりとした教育を行って、世界のリーダーを育成していきたいという思いが強くある」

いまはその当時の校長の思いが形になっているといえるだろう。

帰国子女などの積極的な受け入れをはじめ、文部科学省の定めるスーパーサイエンスハイスクール、スーパーグローバルハイスクールとして指定されていて、その教育プログラムは多岐にわたっている。

授業は国際性の育成と問題解決能力の育成に重きを置いている。また、中学三年の時には卒業論文を書かせることで表現力も鍛えようとしている。一流大学の合格実績だけを追う学校ではなくなっているのだ。

大学合格実績にこだわると公言して大成功「須磨学園」

最後に、関西の新名門校として、兵庫県にある共学校を紹介したい。

須磨学園である。所在地は兵庫県神戸市須磨区板宿町。

学校としては一九二二年と歴史は古く、元は女子の通う裁縫学校であった。

学校が変化する転機になったのは、一九九九年に女子校から男女共学化したことと、二〇〇四年より中学校を開設したことだ。

かつては公立に合格できなかった受験生たちの通う学校という位置づけであった。

しかし、それは昔のこと。今春の大学合格実績に目を向けると、東大二名、京大一七名、阪大一八名、神戸大三三名、北大一一名と国公立を中心にかなりの成果をあげている。なぜ、須磨学園はこれほどの成功を収めたのか。

関西の大手進学塾の関係者はこう分析する。

「神戸の西エリアの学校は神戸女学院をはじめ、『わが校は大学合格実績には力を入れていません。それよりも人間性を育む教育に力を入れています』と謳う学校がほとんどでした。しかし、**須磨学園は堂々と『うちは大学合格実績にこだわります』と公**

言したのです。これが結果として他の学校と差別化できたのではないでしょうか」

その須磨学園の「宣言」は有名無実化することはなかった。授業の中で多くの知識を投げかけて、それを理解させ、応用、創造に結び付けるという学習サイクルを懇切丁寧に繰り返すことで生徒たちの学びを深化させていったのだ。個別指導や習熟度別補習などの試みも積極的に講じていて、親からすれば「しっかり勉強させてくれる」という安心感がある。

以上、地方の「旧名門校」と「新名門校」を取り上げた。東京のみならず、全国各地においても「中高一貫校の地図」が変動しつづけていることが理解できるだろう。

おわりに

本書では数多くの「旧名門校」「新名門校」を紹介した。最も魅了された学校、わが子を進学させたいと心から思えたのはどの学校だろうか。

学校とは「生き物」である。時代とともにその形は変わっていく。

一方で、ちょっとやそっとでは変化しない核となる部分がそれぞれの学校にはある。それは何年、何十年、何百年かけて培ってきた学校独自の文化や教育軸（教育理念・教育目標・建学の精神など）である。

これからわが子の学校選びをする保護者の方々には、ぜひいろいろな学校の説明会などに直接足を運んでほしい。

そこで耳を傾けるべきポイントはたった一つ。

「中高六年間でどんな子どもたちに育てたいと学校側は考えているか」

これだけでいい、と私は考えている。

わが子が多感な中高生活を過ごす上で、学校側がどのようなスタンスで教育をしていくか。高校を卒業するときのわが子の姿をイメージする際に、立派な人間像が思い描けるのであれば、その学校はわが子に「合った」学校と見なすことができる。

本書がその学校選びの一助になるならば幸いである。


本書の執筆過程では多くの人たちのご協力を賜った。

取材に応じてくれた各校の在校生や卒業生たちや学校関係者の方々。また、多岐にわたる学校情報を提供してくれた希学園学園長の黒田耕平氏、ナガセ四谷大塚NET事業部長の高橋宏記氏、練成会グループ四谷大塚NET本部長の三上圭氏をはじめとした同業他社の方々。そして、スタジオキャンパスのスタッフたち。

最後に、執筆中に励ましの声とアドバイスをくれるとともに、遅々として進まない原稿を辛抱強く待ってくれたSBクリエイティブの木村文氏。

ここに心より感謝の言葉を申し上げたい。

二〇一八年十一月

矢野耕平

参考文献

『四谷大塚　中学入試案内２０１９』（四谷大塚著／ナガセ）

『２０１９年度版　中学受験案内』（声の教育者著／声の教育者）

『「謎」の進学校　麻布の教え』（神田憲之著／集英社）

『女子御三家　桜蔭・女子学院・雙葉の秘密』（矢野耕平著／文藝春秋）

『名門校とは何か』（おおたとしまさ著／朝日新聞出版）

『価値ある学校を探そう　首都圏男子校＋共学校―中学・高校受験学校選択講座〈２００１年〉』（旺文社）

『価値ある学校を探そう　首都圏女子校＋共学校―中学・高校受験学校選択講座〈２００２年〉』（旺文社）

著者略歴

矢野耕平（やの　こうへい）

1973年東京生まれ。大手塾に13年間勤務の後、2007年、中学受験専門塾スタジオキャンパスを設立、代表に就任。国語と社会を指導している。現在、自由が丘と三田に2校を展開。学童保育施設「ABI-STA」特別顧問も務める。これまでに国立・御三家・早慶付属など多数の名門校に数百名の合格者を輩出。

著書に『女子御三家 桜蔭・女子学院・雙葉の秘密』（文春新書）、『LINEで子どもがバカになる』（講談社+α新書）、『中学受験で子どもを伸ばす親 ダメにする親』（ダイヤモンド社）など。

SB新書　456

今《いま》、本当《ほんとう》に行《い》くべき学校《がっこう》と受験《じゅけん》の新常識《しんじょうしき》がわかる！

旧名門校《きゅうめいもんこう》 vs. 新名門校《しんめいもんこう》

2018年12月15日　初版第1刷発行

著　者　矢野耕平

発行者　小川 淳

発行所　SBクリエイティブ株式会社
〒106-0032　東京都港区六本木2-4-5
電話：03-5549-1201（営業部）

装　幀　長坂勇司（nagasaka design）
本文デザイン　荒井雅美（トモエキコウ）
編集協力　桑原晃弥
組　版　アーティザンカンパニー株式会社
校　正　聚珍社、新田光敏
編集担当　木村文
印刷・製本　大日本印刷株式会社

ISBN 978-4-7973-9908-0